# ANCIENS ET NOUVEAUX

# JEUX DE SOCIÉTÉ

LE PONT D'AMOUR.

## DES

# JEUX DE SOCIÉTÉ

### Les plus récréatifs et les plus divertissants

#### contenant

LES JEUX LES PLUS AMUSANTS POUR DISTRAIRE TOUTES LES SOCIÉTÉS OU L'ON PEUT SE TROUVER

tels que :

La Clef du Jardin du roi, la Boîte d'amourettes, les Proverbes, le Loup et la Biche, la Volière, la Maîtresse de Pension, le Pince sans rire, etc., etc.,

## LES PÉNITENCES AGRÉABLES ET DÉSAGRÉABLES

### Par M. LECOMTE

Membre de la Société amusante de Paris.

**Le Couteau dans le Pot à l'eau.**

# PARIS

## LE BALLY, LIBRAIRE-ÉDITEUR

Rue de l'Abbaye-Saint-Germain-des-Prés, 2 bis.

1863

CLICHY. — Impr. Maurice LOIGNON et Cie, rue du Bac-d'Asnières, 12.

# AVANT-PROPOS

Alors que le froid hiver force chacun à se renfermer près du foyer, les soirées sont longues, ennuyeuses et chacun cherche à se distraire de son mieux.

Mais se distraire et distraire les autres n'est pas chose facile, et bien souvent après avoir essayé de tout, se tourne-t-on les uns vers les autres, la figure ennuyée et comprimant avec peine les bâillements qui se succèdent avec une rapidité effrayante.

C'est alors que les jeux de société viennent faire une diversion heureuse, en concentrant l'intérêt de tous sans fatiguer l'imagination.

Ces jeux de société qui se varient de mille manières, n'ont qu'un but : celui de faire donner des gages et d'organiser ces pénitences sérieuses ou burlesques, qui défraient une soirée d'une façon si charmante.

On comprend donc que plus il y a de gages donnés plus on a de chances de s'amuser ; il serait donc de mauvais goût d'apporter dans ces jeux toute l'attention et le sérieux que l'on accorderait à une partie d'échecs ou de dames ; on doit plutôt même s'arranger à donner des gages et faire des fautes à dessein.

En effet, pour un homme, quoi de plus doux que d'être mis en pénitence par une dame.

Quant aux dames, elles savent que tout indulgence leur est acquise ; elles ne doivent donc pas craindre les pénitences.

# ANCIENS ET NOUVEAUX

# JEUX DE SOCIÉTÉ

## La Boîte d'amourette.

Avec ce jeu, il est facile de faire une ample moisson de gages.

On présente une boîte ou tout autre objet à son voisin, en lui disant :

— Je vous vends ma petite boîte d'amourette qui contient ces trois mots : Aimer, embrasser et renvoyer.

Le voisin doit répondre :

— Qui aimez-vous? qui embrassez-vous? qui renvoyez-vous?

Celui qui a donné la boîte d'amourette dit alors :

— J'aime un tel; j'embrasse un tel (et il l'embrasse sous peine de donner un gage); je renvoie telle personne. Et celle-ci donne un gage.

## Les Rubans.

Celui qui dirige le jeu tient dans sa main, par un bout, un certain nombre de rubans.

Chaque personne prend un bout libre, et doit exécuter à rebours les commandements de l'ordonnateur.

Ainsi quand celui-ci dit : Tirez ! il faut lâcher. Quand il dit : Lâchez ! il faut tirer. Ce jeu assez simple fait toutefois donner bon nombre de gages.

## Le Capucin en voyage.

Ce jeu est fort simple, et quoique l'esprit ne soit pas indispensable pour le jouer, il ne nuit pourtant pas.

L'ordonnateur du jeu prend le rôle de capucin et commence par donner à chacun des joueurs le nom d'une des parties de son habillement, soit besace, bourdon, capuchon, froc, sandales.

Il entame ensuite un récit dans lequel il raconte un voyage qu'il a fait pour la quête de son couvent, et chaque fois qu'il cite un nom donné, la personne qui le porte doit le répéter aussitôt, en observant de le dire deux fois si le capucin ne le dit qu'une et de ne le dire qu'une fois lorsque le capucin le répète deux fois de suite.

Lorsqu'il nomme le Couvent, tous les joueurs doivent prononcer le nom du vêtement ou de l'ustensile qui leur est assigné en y ajoutant de Saint-François.

Exemple : bourdon de Saint-François ; sandale de Saint-François.

Lorsque le capucin dit : Mes frères; ils doivent tous répondre simplement : Saint-François. Quand il dit : Saint-François ; tous reprennent : Nous, frères indignes. Chaque erreur est punie par un gage.

Le conteur doit conduire son récit de façon à répéter sans relâche les noms assignés aux joueurs pour les embarrasser et mettre en défaut leur attention.

## La Sellette.

La compagnie se place en demi-cercle, et au centre de ce demi-cercle, on met un petit tabouret sur lequel s'assied celui qui commence le jeu.

L'ordonnateur va successivement auprès de chaque joueur qui lui dit à voix basse les accusations qu'il formule contre celui qui est sur la sellette.

Quand toutes les accusations sont recueillies, l'ordonnateur dit à l'accusé :

— On vous accuse d'être un paresseux.

L'accusé doit deviner quelle est la personne qui a dit cela, et en ce cas, elle vient le remplacer sur la sellette ; s'il ne devine pas, il doit donner un gage.

## Les Propos interrompus

Ce jeu, lorsqu'il est bien conduit, produit des incidents burlesques et fort singuliers par la bizarrerie des réponses qui sont faites aux diverses questions posées.

Les joueurs se mettent en rond en ayant soin, lorsque cela est possible, de placer chaque dame entre deux messieurs, et *vice versâ*. La personne qui commence le jeu pose une question quelconque à son voisin de droite qui, après lui avoir répondu, pose à son tour une question à sa voisine de droite et ainsi de suite.

Lorsque le tour de la société est fait, chacun dit à haute voix ce qu'il a entendu en faisant concorder la réponse de son voisin de droite avec la question du voisin de gauche : ce qui produit les choses les plus drôles. Nous allons donner un petit exemple :

LOUISE. — A quoi servent les chapeaux ?

HUBERT. — A se coiffer. A quoi servent les souliers ?

MARIE. — A se chausser. A quoi servent les romans ?

HENRI. — A se distraire. A quoi servent les allumettes ?

ÉMILIE. — A faire du feu...

Alors, à la fin, Hubert dit tout haut :

— Louise a demandé : A quoi servent les chapeaux ! et Marie a répondu : A se chausser.

MARIE. — Hubert a demandé : A quoi servent les souliers ? et Henri a répondu : A se distraire.

HENRI. — Marie a demandé : A quoi servent les romans ? et Émilie a répondu : A faire du feu.

A ce jeu, on donne des gages :

1° Lorsqu'on répète mal la question du voisin de gauche et la réponse du voisin de droite ;

2° Lorsqu'on dit la question que l'on a faite soi-même ;

3° Lorsqu'on pose une question semblable à une posée par une autre personne et devant provoquer la même réponse.

## La Cassette et le Corbillon.

Ces jeux, qu'on pourrait croire surannés, ont fait

la joie de nos aïeux et divertissent encore leurs petits-enfants.

— Je vous vends ma cassette?

— Qu'y met-on?

— Une allumette, ou tout autre mot ayant la terminaison en *ette*.

Au Corbillon, on doit nommer un mot finissant en *on*.

On donne des gages lorsqu'on cite un mot n'ayant pas la terminaison voulue, ou bien lorsqu'on répète un mot déjà nommé.

## La Clef du Jardin du roi.

Ce jeu demande une attention des plus singulières, et encore est-il, pour ainsi dire, impossible d'en atteindre la fin sans donner de gages.

Voici comment il se joue.

La personne qui commence dit : — Je vous vends la clef du jardin du roi. Et chaque joueur à tour de rôle, doit répéter cette phrase.

Au second tour, on ajoute quelques mots de plus, par exemple : Je vous vends la corde qui tient la clef du jardin du roi.

Et ainsi de suite à chaque tour, selon l'imagination de la personne qui dirige le jeu et la patience des joueurs.

Chaque omission est punie par un gage à donner.

## Les Répétitions.

A ce jeu, on cherche de ces phrases qui sont assez difficiles à répéter, et l'on exige des gages pour chaque faute.

Répéter neuf fois : Fruits crus, fruits cuits!

Répéter les phrases suivantes :

— Si j'étais petite pomme d'api, je me dépetite-pomme-d'apicrais comme je pourrais ; et vous, si vous étiez petite pomme d'api, comment vous dé-petite-pomme-d'apieriez-vous ?

## Le Batelier.

Ce jeu paraît assez compliqué et fait toujours donner bon nombre de gages.

On prend trois personnes dans la société : l'une prend le nom de loup, l'autre celui de brebis, et la troisième de chou. Une quatrième personne remplit le rôle de batelier.

On place au milieu de la pièce une chaise ou tout autre objet pour figurer une rivière, et le batelier est censé ne pouvoir passer qu'une seule chose à la fois. Il faut donc qu'il trouve une combinaison pour passer le loup, la brebis et le chou, un par un, sans que sur les deux qui se trouveront sur le rivage, l'un ne mange l'autre.

On comprend que c'est assez difficile, car si le batelier emmène le chou ou le loup, ce sera la brebis ou le chou qui sera mangé. S'il emmène la brebis, au second tour, il se trouvera forcé d'emmener le loup ou le chou, et sur l'autre rivage la brebis ou le chou sera dévoré.

Aussitôt que le batelier fait une faute, il donne un gage et se trouve remplacé par le loup dont une personne de la société prendra la place.

Voici de quelle façon, on doit s'y prendre pour ne point faire de faute.

Au premier voyage, on prend la brebis : le loup et le chou restant ensemble, l'un ne dévorera pas l'autre. Le batelier revient seul et prend le chou. En revenant, il ramène la brebis qu'il laisse et prend le loup. Il revient seul et prend la brebis au quatrième voyage. De cette façon le loup, le chou et la brebis se trouvent passés sans accident.

## La Toilette.

A ce jeu, il doit toujours y avoir un siége de moins que le nombre de joueurs ; ainsi si l'on est dix, il n'y doit avoir que neuf chaises, de façon qu'il y ait toujours une personne debout.

Puis chacun des joueurs prend le nom d'un objet de toilette, et celui qui est debout commence en disant :

— Madame demande sa poudre de riz.

La personne qui a adopté ce nom doit aussitôt se lever, se mettre au milieu du cercle, tandis que celui qui était debout auparavant prend sa place. Elle doit à son tour demander un des objets de la toilette.

Mais quand on demande toute la toilette, alors tout le monde doit se lever et changer de place. Celui qui reste debout donne un gage, et continue l'ordre des questions.

On donne des gages : quand on appelle un objet dont personne n'a pris le nom ; quand l'objet dont on porte le nom est appelé et qu'on ne se lève pas immédiatement ; quand on appelle toute la toilette et qu'on ne change pas de place.

## J'aime mon amant par A.

Ce jeu, fort piquant, met l'attention et l'esprit en éveil par les difficultés qu'il offre, et a, de plus, le mérite de faire donner beaucoup de gages.

La société s'assied en cercle, et chacun à tour de rôle répète les phrases suivantes en y ajoutant à chacune d'elles un mot commençant par la lettre qui a été adoptée.

« J'aime mon amant par...., parce qu'il est...; je le nourris...; je l'envoie à....; je lui fais présent...; et je lui donne... »

Exemples :

J'aime mon amant par A, parce qu'il est Aimable; je le nourris d'Amour et d'eau fraîche; je l'envoie à Avignon: je lui fais présent d'un Arlequin et je lui donne un Arc.

J'aime mon amant par B, parce qu'il est Bossu; je le nourris de Bonbons; je l'envoie à Beaune; je lui fais présent d'un Bâton et je lui donne un Baiser.

Et ainsi de suite.

Mais il faut remarquer que lorsqu'une lettre est adoptée, il faut qu'elle fasse le tour de la société, car toute personne qui répète un mot qui a été dit avant elle doit donner un gage.

On donne aussi un gage lorsque l'on saute une phrase ou deux phrases, ou lorsqu'on ne les dit pas dans l'ordre voulu.

## Les Devises.

Ce jeu est charmant lorsqu'il est bien établi et bien dirigé.

La société, assise en cercle, chacun, à tour de rôle, choisit une fleur; ensuite un lien: puis un vase, et enfin dit la devise qu'il veut inscrire sur le vase. Exemple :

Louise. — Je prends des soucis.

Emilie. — Je prends des immortelles.

Henri. — Je prends un bouton de rose.

GUSTAVE. — Je prends des pissenlits.

LOUISE. — Je lie mes soucis avec un ruban bleu.

EMILIE. — Je lie mes immortelles avec un cordon vert.

HENRI. — Je mets à mon bouton de rose une bouffette de ruban gris-perle.

GUSTAVE. — J'attache mes pissenlits avec un vieux bout de ficelle.

LOUISE. — Je mets mon modeste bouquet dans un vase de marbre noir.

EMILIE. — Je mets mon précieux bouquet d'immortelles dans un vase de porphyre.

HENRI. — Je mets mon bouton de rose dans une tasse de porcelaine.

GUSTAVE. — Je mets mon ridicule bouquet de pissenlits dans un vieux vase de nuit fêlé.

LOUISE. — Je grave sur mon vase de marbre noir, ces deux vers :

Le plaisir vient avec l'amour,
Mais souvent la peine a son tour.

EMILIE. — Je donne pour devise à mon bouquet :
Hélas ! pourquoi n'est-il d'éternelles amours.

HENRI. — La devise qui accompagnera mon bouton de rose est celle-ci : Hâte-toi de t'épanouir.

GUSTAVE. — Sur le vase de nuit contenant mes pissenlits, je grave ces mots :
Nous ne sommes pas tous faits pour plaire.

Il n'est pas nécessaire que les devises soient en vers, mais en ce cas, elles ont un mérite de plus

## L'Avocat.

A ce jeu, la compagnie s'assied en cercle, et celui qui pose les questions au centre.

La personne à qui l'on adresse les questions ne

doit pas répondre, sous peine d'un gage ; c'est son voisin de droite qui doit le faire en répondant absolument comme si la question lui avait été adressée ; Exemple :

D. — Mademoiselle Louise aimez-vous la musique?

HENRI, voisin de droite. — Je l'aime beaucoup.

D. — M. Gustave, quand pensez-vous passer sergent?

MARIE. — Bientôt, s'il plaît à mon capitaine.

## Le Chevalier gentil.

On prépare un grand nombre de cornets de papier comme ceux dont on se sert pour le tabac à priser ; ces cornets servent à opérer la métamorphose des chevaliers gentils en chevaliers cornards

La société se range en cercle.

Celui qui dirige le jeu commence de cette manière, en s'adressant à la personne qui est à sa droite.

— Bonjour, chevalier gentil, toujours gentil ; moi, chevalier gentil, toujours gentil, je viens de la part du chevalier gentil (il nomme son voisin de gauche) toujours gentil, vous apprendre que son aigle a un bec d'or.

Chaque joueur, à tour de rôle, est tenu de répéter cette phrase mot à mot. Si un cavalier se trompe, on lui met un cornet dans les cheveux ; si c'est une dame, on le lui place dans les rubans ou parmi les fleurs dont sa coiffure peut être ornée.

Les personnes qui reçoivent une ou plusieurs cornes, perdent leur qualité de chevaliers gentils et deviennent des chevaliers cornards, à une, deux, trois ou quatre cornes. Dès lors au lieu de leur dire :

— Bonjour, chevalier gentil, on doit leur dire :

— Bonjour, chevalier cornard, à une ou deux cornes, selon le nombre qu'elles portent. Il faut avoir la même attention en parlant de soi.

Toute la difficulté du jeu consiste donc à dire à propos :

— Chevalier gentil ou chevalier cornard à tant de cornes.

La suite du jeu dépend de l'imagination de celui qui l'a commencé, qui, à chaque tour ajoute à la description de l'Aigle. Il lui attribuera, par exemple, des yeux de diamants, des plumes d'argent, des serres d'acier, etc.

Le jeu fini chacun donne autant de gages qu'il a de cornes.

## Coton vole.

On prend un flocon de coton ou un brin de duvet qu'on jette en l'air au milieu du cercle que forme la société. On souffle pour le maintenir en l'air, et celui vers lequel le flocon se dirige doit souffler de même pour l'empêcher de tomber sur lui, ce qui lui coûterait un gage.

Il n'est pas de spectacle plus plaisant que de voir une douzaine de personne, le nez en l'air et soufflant de leur mieux pour empêcher le léger coton de tomber.

Il arrive quelquefois qu'un rieur, ne pouvant souffler, avale le coton, et, en expiation de sa gourmandise, il donne un gage.

## Colin-Maillard assis.

La société se met en rond et le sort décide quel est celui qui remplira le rôle du Colin-Maillard. On lui bande les yeux ; on le met au milieu du cercle et on le fait tourner deux ou trois fois sur lui-même, afin de le dépister.

Alors le Colin-maillard doit aller s'asseoir sur une personne, il lui est interdit de ne faire aucunement usage de ses mains ; il ne peut s'aider dans ses recherches que par différents indices, tels qu'un rire étouffé, le froissement de l'étoffe. Mais on comprend que les joueurs ne manquent pas de moyens pour augmenter son embarras, surtout en changeant souvent de places, en mettant les robes des dames sur les jambes des cavaliers, et enfin par une foule de ruses.

Lorsque le Colin-maillard nomme une autre personne que celle sur laquelle il est assis ; tout le monde frappe des mains pour l'avertir qu'il s'est trompé ; alors il doit passer sur les genoux d'une autre personne.

Dès qu'il a deviné juste, la personne qui a été reconnue doit prendre la place du Collin-Maillard.

## Les Compliments.

Celui qui commence le jeu adresse un compliment à son voisin de gauche, qui, à son tour, en adresse un à son voisin, et ainsi de suite.

Ce jeu deviendrait assez fade si l'on n'avait la précaution d'y mettre des entraves qui, en stimulant l'imagination en font un divertissement fort agréable. Ainsi, par exemple, on interdit la répétition des mots ; on force à introduire dans chaque compliment un mot burlesque, ou bien on détermine le nombre de mots que doit contenir le compliment.

## Combien vaut l'Orge ?

A ce jeu l'ordonnateur remplit le rôle de Maître, et l'on donne les noms suivants à chacun des joueurs : Pierrot, Combien, Comment, Peste, Diable, Vingt sous, Quarante sous, Cinquante sous ; on en ajoute d'autres au besoin pour que chaque joueur ait un nom. Celui qui remplit le rôle de maître, prononce une phrase à la fin de laquelle se trouve un des noms adoptés.

Le joueur qui le porte doit aussitôt répondre :
— Plaît-il, maître ?
Le maître alors demande :
— Combien vaut l'orge ?
Le joueur répond un prix à sa guise.
Exemples :
LE MAITRE. — Je vais au marché. Eh ! Pierrot ?
HENRI. — Plaît-il maître ?
LE MAITRE. — Combien vaut l'orge ?
HENRI. — Cinquante sous.
LE MAITRE. — C'est cher !... Cinquante sous.
LÉONIE. — Plaît-il, maître ?
LE MAITRE. — Combien vaut l'orge ?
LÉONIE. — Vingt sous.
LE MAITRE. — A la bonne heure, à ce prix-là on peut se risquer.... Je vais en acheter, je ne sais plus combien ?
MARIE. — Plaît-il, maître ? etc., etc.

## Petit Bonhomme vit encore.

On prend une allumette ou un morceau de papier allumé que l'on se passe de l'un à l'autre en disant :

— Petit bonhomme vit encore !

Celui entre les mains duquel il s'éteint paye un gage.

## Le Pied de Bœuf.

Ce jeu consiste à entasser les mains les unes sur les autres, puis à retirer successivement celle qui se trouve la dernière pour la remettre sur la pile, en disant un nombre jusqu'à neuf.

Alors la pile se démonte et chaque main cherche à s'esquiver ; c'est alors à celui qui a prononcé le nombre neuf à en saisir vivement une, en disant :

— Je tiens mon pied de bœuf.

S'il ne réussit pas, il doit un gage. S'il a pu saisir une main, il dit au joueur qui s'est laissé surprendre :

De trois choses en ferez-vous une?

Celui-ci doit répondre :

— Oui, si je peux.

Alors le vainqueur ordonne trois choses dont une au moins doit être faisable. L'ordre s'exécute et le jeu recommence.

C'est à propos du pied de bœuf que Panard fit les vers suivants :

> Je rêvais l'autre jour,
> Qu'avec vous et l'Amour,
> Je jouais sur l'herbette,
> A certain jeu, Nanette,
> Où l'on va jusqu'à neuf,
> En comptant tour à tour,
> Je te tiens, dit ce Dieu, suivant la loi commune,
> De trois choses, tu dois, pour le moins, en faire une :
> Aime Nanette tendrement,
> Aime-la sans partage,
> Aime-la constamment.

Tout autre soumis à l'usage,
N'eût rempli qu'une de ces lois,
Pour moi volontiers je m'engage
A les accomplir toutes trois.

## Les Réponses en une phrase.

On tire au sort celui qui sera chargé de deviner, qui, alors, va se mettre dans un endroit écarté de façon à ne point entendre les conversations des joueurs.

Chacun convient d'un mot, puis on rappelle l'interrogateur qui pose à chacun une question à sa guise.

Le questionné doit mettre dans sa réponse le mot qu'il a choisi, et l'envelopper avec assez d'art pour que l'interrogateur ne le devine pas.

Si l'interrogateur devine le mot, la personne qui l'a choisi le remplace ; mais s'il fait le tour de la société sans rien deviner, il donne un gage.

Exemples.

Marie choisit le mot amour ; Henri, foudre ; Léontine, cuve ; Auguste, fusil.

L'interrogateur. — Irez-vous à Rome?

Marie. — Avec l'*amour* que je porte aux arts, ce serait un bien grand plaisir pour moi que de visiter cette ville, mais je n'ose espérer ce plaisir.

L'interrogateur. — Irez-vous vous promener?

Henri. — Le temps est à l'orage, et je crains trop la *foudre* pour m'exposer à ses effets.

L'interrogateur. — Aimez-vous votre mère?

Léontine. — Si je l'aime, pouvez-vous en douter ; aussi vous pouvez juger du désespoir qui s'est emparé de moi lorsque j'ai appris qu'elle avait failli tomber dans une *cuve*.

L'INTERROGATEUR. — Vous léverez-vous de bon matin demain?

AUGUSTE. — Oui, je prendrai mon *fusil* et j'irai tirer lièvres, perdrix, cailles, etc.

## Le Colin-maillard à la silhouette.

On dispose contre le mur un drap blanc, et devant ce drap, assis sur un petit banc, se trouve le colin-maillard qui n'a point les yeux bandés.

La lumière est disposée de telle façon qu'une personne passant devant elle son ombre se trouve renvoyée sur le drap blanc, où le colin-maillard doit chercher à la reconnaître.

Ce jeu est très-amusant par les déguisements que l'on prend, les contorsions que l'on fait, qui, en produisant des ombres burlesques et singulières dépistent le malheureux colin-maillard et le mettent aux abois.

## Les douze Questions.

Il s'agit à ce jeu de deviner le mot choisi en moins de douze questions : il faut donc poser ces questions avec assez d'art pour arriver à préciser la chose.

Exemples :

D. — A quel règne appartient l'objet que vous avez choisi?

R. — Au règne animal.

D. — Est-il du seul règne animal, ou appartient-il en même temps à quelque autre règne?

R. — Non, il n'appartient qu'au règne animal.

D. — Est-il animé ou inanimé?

R. — Il est animé.

D. — Alors, puisque c'est un animal vivant, voulez-vous me dire si c'est un animal domestique ou sauvage?

R. — Quoique sauvage, c'est un animal domestique.

D. — Alors c'est un chat.

Ainsi voilà un mot qui a été trouvé par quatre questions. Nous allons donner un exemple beaucoup plus difficile résolu par sept questions.

D. — De quel règne est l'objet choisi?

R. — Il est composé de trois règnes.

D. — Est-il animé?

R. — Non.

D. — Sert-il davantage aux hommes qu'aux femmes?

R. — Également.

D. — L'emploie-t-on plus à la ville qu'à la campagne?

R. — On peut s'en servir à la campagne, mais on le trouve plus communément à la ville.

D. — Est-ce un meuble?

R. — Oui.

D. — C'est donc un meuble inanimé qui sert plus communément à la ville qu'à la campagne, et autant aux hommes qu'aux femmes, ce doit être alors un fauteuil?

R. — Il est vrai qu'un fauteuil appartient aux trois règnes, puisqu'il a des clous, du bois, et de la soie; mais ce n'est pas d'un fauteuil qu'il s'agit.

D. — Alors, c'est un parapluie?

R. — Oui.

On peut voir par ces exemples que ce jeu qui paraît assez difficile au premier abord ne l'est pas autant qu'on pourrait le croire, l'important est de faire des questions tellement précises qu'elles forcent l'individu à qui elles sont posées à spécifier en quelque sorte l'objet auquel il a pensé.

## Jeu de la Girouette.

Celui qui dirige le jeu, assigne à chaque face de l'appartement le nom d'un des quatre points cardinaux. Les joueurs sont rangés sur la même ligne, et doivent, lorsqu'ils entendent nommer un des points, lui tourner immédiatement le dos. Ainsi si l'on dit : Nord ! tout le monde doit avoir la face tournée du côté du sud, et ainsi de suite.

Lorsqu'on crie : *tempête!* chacun doit tourner trois fois sur soi-même et reprendre la position primitive.

De même lorsqu'on appelle le point auquel on fait face, tout le monde doit rester immobile.

Chaque faute est punie par un gage.

## M. le Curé n'aime pas les os.

Chacun pose à son voisin de droite la question suivante : « Monsieur le curé n'aime pas les os, que lui donnerons-nous à manger? » L'important, en répondant à cette question, est de donner le nom d'un mets qui ne contient pas la lettre O, comme : pain, viande, canard, etc.

Mais quiconque répondrait : du poulet, des choux, devra donner un gage.

## Les Ciseaux croisés.

Pour se bien divertir à ce jeu, il est nécessaire de ne point l'expliquer.

On passe de main en main une paire de ciseaux,

en disant : Je vous vends mes ciseaux croisés, ou bien : Je vous vends mes ciseaux non croisés.

Dans le premier cas, il faut croiser les jambes, et dans le second, les tenir écartées.

Beaucoup de personnes, faute d'attention, donnent longtemps des gages à ce jeu, sans savoir pourquoi, et leur surprise en fait le principal amusement.

## On m'a pris mon Cœur.

Ce jeu est fort charmant et permet à chacun de faire valoir ses qualités naturelles.

On commence d'abord par donner les noms. Ce sont les dames qui donnent ceux des hommes et *vice versâ*. Ces noms sont choisis dans quelque ouvrage connu, comme par exemple, *les Trois Mousquetaires* d'Alexandre Dumas, et l'on ajoute à ces noms quelques épithètes. Ainsi un cavalier s'appellera le brave d'Artagnan, un autre Porthos l'hercule ; une dame s'appellera madame Bonacieux la dévouée ; une autre, l'aimable madame Coquenard, et ainsi de suite.

Un cavalier commence en disant :

— On m'a pris mon cœur.

Et l'auditoire de répondre :

— Qui a commis un crime si cruel?

— C'est madame Bonacieux la dévouée qui est la coupable.

Alors chacun des joueurs adresse à la dame qui porte ce nom, des reproches dans le goût de ceux-ci :

—Quoi! vous si aimable, vous avez pu commettre un si affreux larcin. Je ne pourrai jamais croire à une telle action de votre part.... Comment vous avez pu faire le malheur d'un homme qui voudrait vous adorer.... comment un visage si aimable peut-il recouvrir une âme aussi noire.... etc., etc. »

La dame doit répondre à chacun de ces reproches, mais seulement lorsqu'ils sont tous formulés, et à chaque oubli qu'elle fait, elle donne un gage.

Maintenant elle peut éviter cela en niant énergiquement avant que les reproches ne soient commencés, en accusant une autre dame du fait et en ayant soin de l'appeler par le nom qui lui a été donné et en y ajoutant l'épithète adoptée.

Quand la dame a répondu aux reproches, elle repasse la chose à un jeune homme en disant :

— Si j'ai pris le cœur du brave d'Artagnan, c'est pour me venger de la perfidie de Porthos l'hercule qui a pris le mien.

Alors les dames accablent à leur tour le jeune homme de reproches.

On voit que ce jeu est fort divertissant et qu'avec un peu d'esprit on peut en faire un délassement des plus agréables.

## Les Ressemblances et les Différences.

Ce jeu assez difficile n'en est que plus charmant lorsqu'il est bien joué.

On doit comparer une personne de la société à un objet quelconque, et comme il n'y a point de comparaison qui soit exactement parfaite, il est assez aisé de trouver une différence.

Exemple, on dit à un jeune homme de faire une comparaison sur mademoiselle Aglaé.

— Je compare mademoiselle Aglaé à une paire de pincettes ; la pincette attise le feu, il en est de même de mademoiselle voilà la ressemblance ; la pincette en attisant le feu, s'échauffe, et mademoiselle reste toujours froide voilà la différence.

La demoiselle répond :

—Je compare M. Louis à un fauteuil, parce que le fauteuil est élastique, et que M. Louis a la conscience très-élastique, voilà la ressemblance ; le fauteuil est l'ami des vieilles gens, M. Louis n'aime que les jeunes gens, voilà la différence.

### Je reviens de Paris.

La société étant assise en rond, un joueur dit à son voisin de droite :

— Je reviens de Paris.

— Qu'y avez-vous acheté?

—De la soie, du drap, une bague, répond le questionneur qui doit toucher, en faisant sa réponse, un objet analogue.

Ainsi s'il dit de la soie, il touche sa cravate ; s'il dit du drap, il touche son paletot ; s'il dit une bague il touche l'anneau qu'il a au doigt.

### Le jardin de ma Tante.

Ce jeu, quoique fort simple, demande une grande suite dans les idées et un peu de mémoire. Nous prévenons les personnes étourdies ou qui s'oublient volontiers dans les conversations entre voisins qu'elles donneront beaucoup de gages à ce jeu.

La société se dispose en cercle, et la personne qui conduit le jeu, propose à ceux qui la composent, de répéter à tour de rôle le discours qu'elle va prononcer en le coupant de phrase en phrase. Les personnes qui se tromperont ou qui substitueront un mot à un autre donneront un gage.

L'ordonnateur commence donc en prononçant distinctement ce qui suit :

— Je viens du jardin de ma tante; peste! le beau jardin que le jardin de ma tante! dans le jardin de ma tante, il y a quatre coins.

Le voisin de droite répète la phrase, s'il se trompe, il donne un gage et cède son tour au suivant sans qu'il lui soit permis de se reprendre.

Lorsque cette phrase a fait le tour de la société, l'ordonnateur la répète tout entière et y ajoute les vers suivants :

>Dans le premier coin
>Se trouve un jasmin :
>Je vous aime sans fin.

L'épreuve ayant été subie comme la première fois, l'ordonnateur ajoute aux deux phrases la phrase suivante :

>Dans le second coin
>Se trouve une rose,
>Je voudrais bien vous embrasser,
>Mais je n'ose,

Au troisième tour il dit :

>Dans le troisième coin
>Se trouve un bel œillet
>Dites-moi votre secret.

En cet endroit du jeu chacun des joueurs se penche à l'oreille de son voisin de gauche et lui confie un secret quelconque.

Alors l'ordonnateur reprend tout ce qui a été dit et ajoute comme fin.

>Dans le quatrième coin
>Se trouve un beau pavot
>Ce que vous avez dit tout bas,
>Répétez-le tout haut.

C'est là sans contredit le moment le plus critique et le plus amusant du jeu, car il faut que chacun découvre le secret qu'il a confié, ce qui ne laisse pas que d'embarrasser ceux qui ne se sont pas méfiés du tour. Alors la société s'amuse également et des secrets qui n'ont pas assez de sens ou présentent un sens comique ou ridicule, et des secrets qui n'ont que trop de sens.

## La Volière.

Pour exécuter ce jeu chaque personne choisira le nom d'un oiseau, et le confiera à celle qui est chargée d'organiser le jeu. Une fois que celle-ci les aura recueillis, elle les annoncera à la société en ayant soin d'intervertir l'ordre dans lesquels elle les aura reçu, de façon qu'on ne sache pas quel est le nom d'oiseau que chacun a choisi.

La première personne dit :

— Je donne mon cœur à tel oiseau ; je confie mon secret à tel oiseau et j'arrache une plume à tel autre oiseau.

Exemple :

Les noms choisis sont la tourterelle, le merle, le pinson, le serin, le canard.

Mademoiselle Louise qui se trouve la première interpellée pourra dire :

— Je donne mon cœur à la tendre tourterelle ; je confie mon secret au merle et j'arrache une plume au canard.

La personne qui est à sa droite fait également son choix, et ainsi de suite.

Lorsque toutes ont parlé, l'organisateur du jeu lit les noms que chacun a choisi, et Mademoiselle Louise qui a donné son cœur à la tourterelle va embrasser

Mademoiselle Félicité qui a pris ce nom, et confier un secret à M. Jules qui a choisi le nom du merle, et demander un gage à M. Edouard qui représente l'infortuné canard.

## Le Loup et la Biche.

Pour jouer ce jeu avec quelque agrément il faut avoir un local assez vaste ou bien le jouer dans un jardin, dans une prairie.

Toutes les dames et les demoiselles de la société peuvent prendre part à ce jeu, tandis qu'on n'y emploie qu'un cavalier qu'on appelle le loup. La dame la plus âgée est la biche et toutes les autres se placent derrière elle, et prennent le nom collectif de queue de la biche.

Le cavalier-loup doit chercher à s'emparer des joueuses qui se trouvent à la queue; mais avant de faire aucune tentative, il doit manifester ses intentions hostiles par cette phrase :

— Je suis loup, loup, qui te mangerai

— Je suis biche, biche, qui me défendrai, dit la biche à son tour.

Le loup reprend :

— J'aurai un petit bout de ta queue.

Ce petit dialogue terminé le loup qui est placé devant la biche, cherche à faire irruption sur la queue, mais la biche étendant les bras lui dispute le passage ; et s'il parvient à la forcer, la personne qui se trouve à l'extrémité de la file s'enfuit avant qu'il puisse la saisir et va se placer devant la biche, où elle ne court plus aucun danger, et ainsi de même des autres successivement jusqu'à ce que la biche soit la dernière de la file.

Le jeu cesse alors : le loup qui a manqué son

coup, donne autant de gages qu'il a laissé de brebis s'échapper, et on lui donne un successeur.

Si, au contraire, avant la fin du jeu, il parvient à se saisir de l'une d'elles, il ne la mange pas, bien entendu, à moins qu'il soit caraïbe, mais il l'embrasse et lui fait donner un gage.

## Le Logement.

On tire au sort ou on choisit le premier joueur. L'ordonnateur lui demande la lettre qu'il préfère, et lorsqu'elle est choisie il pose au joueur une série de questions relatives au logement en voyage auxquelles il doit répondre par des mots commençant par la lettre choisie.

Supposons que cette lettre soit A, et nous allons donner un exemple de ces questions qu'on peut multiplier à l'infini et qui en mettant l'esprit du joueur à la torture divertissent la société d'une façon fort agréable :

D. — Comment vous appelez-vous ?

R. — André.

D. — D'où venez-vous ?

R. — D'Avranches.

D. — Où étiez-vous logé ?

R. — A l'Ancre d'or.

D. — Comment s'appelait votre hôte ?

R. — Antoine.

D. — Et votre hôtesse ?

R. — Amélie.

D. — Quelle chambre occupiez-vous ?

R. — L'appartement du second.

D. — Que vous est-il arrivé ?

R. — Une aventure fort singulière.

D. — Contez-nous-la.

R. — L'Ami d'un Allemand voyant un Anglais avancer sur lui l'assomma avec une Arme que je pris d'abord pour une arbalète, mais qui n'était qu'une **Ache**.

Ici le narrateur donne un gage, car le mot hache ne s'écrit sans h que lorsqu'il s'agit de la plante.

## Jeu du Singe.

Bien souvent on rencontre dans les sociétés des personnages dont on serait parfois bien aise de se débarrasser, mais cela n'est pas facile, car la politesse n'est pas commode et ordonne d'avoir des ménagements même pour les personnes qui n'en ont pour personne.

Cependant on peut parfois corriger ces individus en les mystifiant quelque peu, et le jeu du singe remplit ce but.

On a soin de s'emparer quelque temps à l'avance des chapeaux des deux individus que l'on veut mystifier et on les frotte d'une substance noire, soit avec du charbon, du noir animal, etc.

Alors l'ordonnateur du jeu se met à imiter les manières du singe, et chacun doit l'imiter. Ainsi quand il se gratte l'oreille, chacun doit se gratter; s'il bâille, chacun doit bâiller. A un moment donné, il se frotte le visage avec son chapeau, tout le monde fait de même; mais c'est là le vrai quart d'heure de gaieté, car les deux victimes en se frottant la figure avec leur chapeau se noircissent de leur mieux, ce qui ne manque pas d'exciter la plus grande hilarité.

Et ce qu'il y a de plus singulier dans cette plaisanterie, c'est que chacun des mystifiés en voyant son confrère tout noirci commence par en rire tout le premier, ce n'est que lorsqu'il s'aperçoit que lui aussi se trouve transformé en nègre qu'il trouve peut-être la farce mauvaise.

## Les Cinq Voyelles.

C'est un des jeux les plus difficiles, mais avec un peu d'intelligence et d'imagination on s'en tire encore assez facilement.

L'interrogateur pose des questions et indique quelle est celle des cinq voyelles qui devra être supprimée dans la réponse.

Exemples :

D. — Répondez-moi sans A si vous aimez les ânes?

R. — Voici ce que je réponds : C'est tout simple, cette bête ne m'est point odieuse; elle est fort utile et sobre surtout; il n'est point de difficultés qui puissent rebuter son zèle. Qu'en pensez-vous?

D. — Répondez-moi sans E, vous qui voulez me surpendre?

R. — N'a-t-on pas raison quand on craint vos discours.

D. — Qu'est-ce qu'aimer, répondez-moi sans I?

R. — Sans I, c'est amer.

D. — Qu'est-ce que l'amour, répondez-moi sans O?

R. — C'est un dieu très-capricieux et très-aimable. Il est jeune et existe cependant depuis bien des années.

D. — Dites-nous sans U l'empire de ce dieu?

R. — Il règne dans l'Olympe comme en ce monde : hommes, bêtes et plantes l'adorent en secret.

A ce jeu ou donne autant de gages qu'il y a de lettres proscrites dans la réponse.

## L'Œuf caché.

Ce jeu est encore une mystification. On se met en rond et on montre un œuf à la personne qui est restée au milieu et qui doit le chercher, car on se le fait passer de main en main et on le met dans sa poche.

Afin de bien duper celui qu'on veut mystifier, on s'arrange de manière à ce que l'œuf soit trouvé deux ou trois fois et que les chercheurs se succèdent.

Puis, quand le moment est venu, on décide la victime à mettre l'œuf dans sa poche.

Le chercheur feint d'être fort occupé d'un autre côté, puis il fond à l'improviste sur l'infortuné détenteur de l'œuf et le lui brise dans la poche.

Du temps de nos pères, alors que dans les meilleures sociétés on restait fort souvent couvert, l'œuf se plaçait sous le chapeau. On comprend quelle grotesque figure devait faire le pauvre mystifié avec ce liquide jaunâtre qui, en engluant sa perruque, lui découlait sur le visage.

## Le Colin-maillard à la Baguette

Le Colin-maillard, après qu'on lui a couvert les yeux d'un bandeau bien appliqué, se place au milieu du salon, une grande baguette à la main. Tous les joueurs font cercle autour de lui, se tenant par la main et chantant un refrain de ronde.

Quand ce refrain est fini, on s'arrête, et le Colin-maillard étendant sa baguette la dirige au hasard vers une personne qui est obligée de la prendre par le bout qu'on lui présente. Alors le Colin-maillard fait trois cris de diverse façon, qu'elle est forcée de répéter sur le même ton. Si elle ne parvient pas à contrefaire sa voix, elle est devinée et prend la place du Colin-maillard, sinon le jeu continue par un autre tour de ronde, et ainsi de suite.

## Les Confessions écrites.

Il est nécessaire pour ce jeu que le nombre des dames soit égal à celui des cavaliers. On choisit une dame et un cavalier pour confesseurs, et ces deux personnages distribuent à leurs pénitents et à leurs pénitentes des petits carrés de papier, en leur recommandant la plus grande franchise dans cet acte d'humilité et d'inscrire sur ce papier les trois défauts qu'ils se reconnaissent.

Les pêcheurs et les pécheresses reçoivent le carré de papier et la morale avec la plus grande déférence.

Chacun met son nom en tête du carré de papier, et écrit les défauts qu'il se reconnaît, puis remet le tout au confesseur.

Celui-ci, lorsqu'il a reçu mêle toutes les confessions des hommes et en fait autant pour celles des femmes ; puis, il lit alternativent la confession d'un cavalier et celle d'une dame, ce qui amène des rapprochements parfois fort piquants.

Quand les défauts énoncés dans les deux confessions ont quelque ressemblance, le confesseur renvoie les deux pénitents absous ; mais lorsqu'il y a entre les défauts des différences, il met les deux pécheurs en pénitence dans quelque partie de la salle en leur faisant prendre des poses comiques qu'ils doivent garder jusqu'à la fin, en attendant que toutes les confessions soient vérifiées.

Exemple :

LE CONFESSEUR, — Je vais lire la confession de M. Alphonse.

« Je m'accuse d'être fort enclin à la paresse; d'aimer la bonne chère, arrosée de bons vins, et de n'aimer d'autre société que celle des dames. »

Nous allons voir maintenant la confession de Mademoiselle Elisa :

« Je m'accuse d'être fort disposée à la colère, d'être coquette et de jalouser mes rivales. »

M. Alphonse et Mademoiselle Elisa, vos fautes sont tellement graves et surtout tellement dissemblables, que je ne puis vous absoudre : allez les expier dans tel coin.

— Nous allons examiner la confession de M. Edmond :

« Je m'accuse de jalousie, de mauvaises paroles et d'emportement. »

— Ah! voici la confession de Mademoiselle Madelaine :

« Je m'accuse d'être un peu jalouse, de m'emporter facilement et de dire quelquefois des choses que je regrette alors qu'il n'est plus temps. »

— Ah! mes enfants, que vos fautes sont énormes! mais en présence de leur ressemblance, je vous accorde votre pardon; allez à vos places.

Quand toutes les confessions sont dépouillées, on inflige des pénitences à tous les pécheurs qui n'ont pas été pardonnés.

## La Pêche à la ligne.

La société mise en rond, l'ordonnateur dit à son voisin de droite :

— Venez-vous à la pêche ?

— Que me faut-il pour cela ? demande le voisin.

— Un scion répond l'ordonnateur.

Alors la question fait le tour de la société, et chacun doit répondre un mot ayant une terminaison sonnant à l'oreille comme *scion*.

A chaque tour, l'ordonnateur change la terminaison.

On donne des gages : Lorsqu'on pose mal les questions ; lorsqu'on répond un mot dant la terminaison n'est pas celle qui a cours, et lorsqu'on répète un mot qui a été dit précédemment.

## Pigeon vole.

Ce jeu qui a tant défrayé nos bons aïeux, est des plus simples et des plus connus.

Toutes les personnes de la société posent le doigt sur une table ou sur les genoux de l'ordonnateur qui fait une énumération de choses volantes et d'autres non volantes.

Dans le premier cas tout le monde doit lever le doigt, et dans le cas contraire s'en abstenir, sous peine de payer un gage.

Parfois aussi, pour tromper les joueurs, on change les conventions, On punit d'un gage ceux qui lèvent le doigt au nom d'un oiseau, ou qui ne le lèvent pas à celui d'un objet quelconque.

## L'Acrostiche.

Ce jeu, en exerçant l'esprit d'une façon agréable, est un passe-temps des plus charmants, et son apparente difficulté ne fait qu'en augmenter les charmes.

Voici comment il se joue. Toute la société se dispose en cercle, celui qui commence dit à son voisin :

— Je reviens du marché.

— Qu'y avez-vous acheté ? lui demande celui-ci.

A cette question il doit répondre un mot contenant autant de lettres qu'il y a de joueurs moins lui.

Ainsi la compagnie étant composée en tout de douze personnes, il répondra par exemple le mot HIPPOPOTAME qui contient onze lettres. Alors chacun des joueurs, en commençant par le voisin de droite, doit dire, à tour de rôle, un mot commençant par la lettre qui lui est assignée.

Exemple ;

| | | |
|---|---|---|
| 1 Homme. | 5 Oubli. | 9 Ambition. |
| 2 Italie. | 6 Peur. | 10 Mesquinerie |
| 3 Paysan. | 7 Or. | 11 Éducation. |
| 4 Paris. | 8 Talion. | |

Celui qui a posé le mot, doit prendre une feuille de papier, et inscrire tous les mots donnés, et composer une espèce d'impromptu, où ils doivent tous se trouver dans leur ordre.

Exemple ;

« Un *Homme* qui avait parcouru l'*Italie* rencontra un *Paysan* qui revenait de *Paris*, et qui affectait une sorte d'*Oubli* pour son pays natal : Tu as *Peur* d'être reconnu, lui dit-il, car ton *Or* ne t'a pas changé, tu es aussi bête qu'auparavant ; mais tu subiras la peine du *Talion*, car ton *Ambition* n'est qu'une *Mesquinerie* qui prouve que tu n'es qu'un sot et que tu n'as point d'*Éducation*. »

A ce jeu, on donne des gages :

Quand on pose mal les questions ou qu'on y répond mal; quand on donne un mot qui dépasse ou qui n'atteint pas le nombre des joueurs; quand on répond un mot dont la première lettre n'est point celle qui vous est échue; quand on donne un mot qui a déjà été dit.

## Le Jeu de l'Ami.

Il y a plusieurs façons de jouer ce jeu, dont la plupart sont fort compliquées, et qui deviennent une véritable mystification pour celui qui est chargé de deviner.

Nous allons donc indiquer la manière la plus commode et qui amuse également tout le monde : c'est le jeu de l'Ami en syllabes.

On choisit ou on tire au sort celui qui doit être l'ami, lequel va se mettre derrière un paravent ou dans tout autre endroit, de façon à ne point entendre les conversations de la société.

Alors on convient d'une syllabe qui se trouve répétée dans plusieurs mots différents, et l'on appelle alors l'ami qui pose à chaque personne la question suivante :

— Comment aimez-vous votre ami?

On répond un mot qui contient la syllabe adoptée, mais en retranchant toutefois cette dernière.

L'ami doit alors deviner, sinon il donne un gage et retourne derrière le paravent jusqu'à ce qu'il ait deviné.

**Exemples :**

— Comment aimez-vous votre ami?

— Je l'aime en *heureux.*

— Je l'aime en *gré.*

— Je l'aime en *poste.*

— Je l'aime en *honnête.*

Le mot est *mal,* car on a voulu dire malheureux, malgré, malle-poste, malhonnête.

Autre :

— Comment aimez-vous votre ami?

— Je l'aime en *ture.*

— Je l'aime sans le *vin.*

— Je l'aime en *cettes.*

— Je l'aime en *dare.*

— Je l'aime en *pé.*

Le mot est *pin*, car on a voulu dire : peinture, pin sans le vin, pincettes, Pindare, pépin.


## Les Ambassadeurs.

Ce jeu est une mystification qui faisait rire jusqu'aux larmes nos bons aïeux.

On choisit ou on tire au sort, — et l'on comprend que dans ce cas le hasard est complice des mystificateurs, — celui qui doit remplir le rôle de roi.

Pour que la mystification soit meilleure, il faut tâcher de déployer toute la pompe possible et de donner à la cérémonie un caractère des plus solennels. Le trône est dressé au fond de la salle au-dessus d'un baquet rempli d'eau que masquent des draperies et des ornements de tous genres. Le siége est disposé en bascule, de façon que lorsque les deux ministres sont assis aux côtés du roi, tout va bien ; mais sitôt qu'ils se lèvent l'infortuné monarque disparaît daus le liquide fallacieusement disposé sous son siége.

Aussitôt que le roi est choisi, on lui adjoint deux ministres qui prennent le nom de *soutien du trône.* On comprend ce qu'il y a d'ironique dans cette appellation.

On vient annoncer au roi que les ambassadeurs du souverain, son voisin, lui demandent une audience.

Il se rend majestueusement à son trône, accompagné de ses ministres, au milieu des flots empressés de ses sujets qui l'acclament par des vivats chaleureux.

Les ministres s'étant assis, il prend place à son tour et ordonne d'introduire les ambassadeurs qui, aussitôt entrent gravement, avec une démarche comiquement compassée.

Arrivés devant le trône, ils s'inclinent : alors l'eau contenue dans leurs bonnets se répand sur le roi, les ministres se lèvent comme pour le défendre, le siége bascule.

Tableau !

Nous conseillons à ceux qui voudront faire cette mystification de choisir l'été de préférence à toute autre saison ; puis de tenir à la disposition de leur victime des vêtements secs, car c'est bien assez de lui faire prendre un bain froid sans l'exposer à gagner une fluxion de poitrine.


## L'Amphigouri.

A ce jeu, chacune des personnes de la société prend le nom d'un métier ou d'une profession quelconque. Ainsi, l'une sera modiste, l'autre fruitière, celle-ci sera tailleur, celle-là cordonnier.

L'ordonnateur commence un récit et chaque fois qu'il s'arrête en regardant une personne, celle-ci doit dire le nom d'un objet appartenant à la profession qu'elle a adoptée. Nous allons en donner un exemple :

L'Ordonnateur. — Dernièrement je passais sur le Pont-Neuf, lorsque tout à coup, je reçus...

Gustave, cordonnier. —Un soulier.

L'Ordonnateur. — Dans un certain endroit. Furieux, je me retourne et j'aperçois...

Émilie, cuisinière. — Un dindon.

L'Ordonnateur. —Qui, par un singulier quiproquo, m'avait adressé ce qu'il destinait à un autre...

Marie, modiste. —Bonnet.

L'ordonnateur, continue sur ce ton, aussi long-temps que son imagination le lui permet.

A ce jeu, on donne des gages, chaque fois que l'ordonnateur regardant un joueur, celui-ci ne prononce pas immédiatement le nom d'un objet appartenant à la profession qu'il a adoptée.

## Les Éléments.

On élit l'ordonnateur qui attache une balle de drap ou de cuir à un morceau de ficelle assez long pour qu'il puisse atteindre avec sa balle chacun des joueurs placés en rond autour de lui et la retirer ensuite à lui.

On adopte ensuite trois noms d'animaux, vivant chacun dans un élément particulier, tels que : Cheval, Brochet, Moineau.

L'ordonnateur jette sa balle en prononçant le nom

d'un élément, comme Terre, Air, Eau ; le joueur atteint doit répondre parmi les noms d'animaux choisis celui qui habite l'élément nommé par l'ordonnateur.

Mais quand celui-ci dit : Feu ! on ne doit pas répondre, car il est admis que cet élément n'est pas habité.

Quand l'ordonnateur dit : Eléments ! le joueur atteint par la balle doit citer les trois noms choisis.

On peut introduire quelques modifications dans ce jeu qui, en augmentant la difficulté, augmente rapidement la moisson de gages.

Ainsi, par exemple, on ne choisit pas de noms d'éléments, et le joueur qui est atteint par la balle de l'ordonnateur doit répondre un nom d'animal vivant dans l'élément cité. De plus il faut que ce nom n'ait pas déjà été dit.

Chaque faute est punie par un gage.

## L'Oiseleur.

Celui qui commence à ce jeu, remplit le rôle d'oiseleur, et se tient au milieu du rond formé par la société qui est assise.

Chacun des joueurs a adopté un nom d'oiseau, dont il doit faire le cri chaque fois qu'il l'entend nommer par l'oiseleur qui fait un récit où se trouvent tous les noms choisis.

Tous les joueurs doivent avoir leurs mains sur leurs genoux et ne point les en retirer, sous peine de payer un gage ; il n'y a que lorsque l'oiseleur dit la Chouette, que tous doivent faire le cri qui leur est propre et cacher vivement leurs mains de tous côtés, afin d'empêcher l'oiseleur, qui est à l'affût, de les saisir.

La personne dont la main a été saisie donne un gage et devient oiseleur à son tour, tandis que l'autre prend sa place et son nom d'oiseau.

Si, au contraire, l'oiseleur n'a pu saisir aucune main, c'est lui qui paye un gage et il continue le rôle. Au premier nom prononcé, tous les oiseaux doivent remettre leurs mains sur leurs genoux, faute de quoi ils donnent un gage.

Lorsque l'oiseleur nomme un volatile dont le nom n'a été choisi par personne, il donne un gage: lorsqu'il dit : Toute la volière ! tous doivent faire entendre leur cri.

Lorsque l'oiseleur a donné un certain nombre de gages, fixé à l'avance, il est libre de renoncer à son rôle, et le sort désigne un nouvel oiseleur.

Voici les cris des oiseaux les plus connus :

ALOUETTE. — Tirlili ! tirlili ! tirlili !

CAILLE. — Paye tes dettes, paye tes dettes !

CANARD. — Can, can, can.

CHOUETTE. — Chou-ou-ou-ou.

COQ. — Cocorico.

CORBEAU. — Coua, coua, coua.

DINDON. — Pia, pia, pia, glou, glou.

MOINEAU. — Philippe, philippe.

PERDRIX. — Kikiriez, Kikiriez.

PERROQUET. — As-tu déjeuné, Jacquot ?

PIE. — A la cave ! à la cave !

PIGEON. — Crououou, crououou.

SERIN. — Petit fils, petit mignon.

Voici un exemple d'un discours de l'oiseleur :

— Je sais que pour prendre l'alouette (tirlili, tirlili, tirlili), il est nécessaire de se lever matin ; aussi dès les premiers chants du coq (cocorico), je fus sur pied et, en traversant ma basse-cour, je vis mes canards (can, can, can), barbottant dans une mare ; les dindons (pia, pia, pia, glou, glou, glou), se pavanant avec leur sotte fierté, et les pigeons (croououou, croououou), roucoulant sur les toits, seulement au loin quelques corbeaux (coua, coua) par leurs cris lugubres troublaient la tranquillité de ce charmant spectale, etc.

On voit qu'avec un peu d'imagination, on peut mener ce récit fort loin ; mais l'essentiel est de répéter souvent les mêmes noms et de surprendre ainsi l'attention des joueurs,

## La Maison du Petit Bonhomme.

Ce jeu a une grandé similitude avec le jardin du roi, et plusieurs autres jeux ; mais il a l'avantage de jeter la diversion et de faire donner des gages aux personnes les plus habituées aux jeux semblables.

La société se dispose en rond et celui qui connaît le jeu le conduit.

L'ordonnateur commence ainsi en remettant à son voisin de droite un objet quelconque :

— Je vous vends mon petit bonhomme.

A chaque tour, il modifie la phrase ainsi qu'il suit :

2. Je vous vends la maison du petit bonhomme.

3. Je vous vends la porte de la maison du petit bonhomme.

4. Je vous vends les rats qui ont rongé la porte de la maison du petit bonhomme.

5. Je vous vends la peau des rats qui ont rongé la porte de la maison du petit bonhomme

**6.** Je vous vends les gants que l'on fera avec la peau des rats qui ont rongé la porte de la maison du petit bonhomme.

**7.** Je vous vends les mains qui mettront les gants que l'on fera avec la peau des rats qui ont rongé la porte de la maison du petit bonhomme.

On peut augmenter ce jeu à l'infini jusqu'à ce qu'on ait suffisamment de gages.

## La Follette.

Chacun des joueurs adopte un métier dont il doit reproduire les attitudes et les gestes : le tailleur en faisant semblant de coudre ; le forgeron en battant une enclume imaginaire.

L'ordonnateur du jeu fait mine de jouer du flageolet et chante sur un air connu la chanson suivante :

> Quand Margoton va seulette.
> Elle ne m'aime plus :
> La petite follette
> Rit de mes soins superflus,
> R'lututu, r'lututu, r'lututu.

Il cesse tout-à-coup de chanter et de jouer du flageolet pour prendre le métier d'un des joueurs ; alors il faut que celui-ci quitte sa pantomime pour faire celle de jouer du flageolet ; seulement il n'est pas tenu de dire la chanson.

Aussitôt que l'ordonnateur du jeu, reprend la chanson et la pantomime du flageolet, l'autre doit reprendre les gestes du métier qu'il a adopté.

On comprend qu'avec un peu d'habileté l'ordonnateur peut faire donner rapidement bon nombre de gages.

## La Fève et l'Epingle.

On cache une fève et le sort désigne quel est le joueur qui doit la chercher.

Chaque fois qu'il approche du lieu où elle est cachée, on lui crie : Tu brûles !

S'il ne parvient à trouver et qu'il renonce au jeu, il dit : Je donne ma langue au chien.

Alors on lui montre la cachette et il donne un gage.

## Les Pincettes.

On envoie le joueur que le sort a désigné de l'autre côté d'un paravent, et l'on convient d'une chose qu'il devra faire : soit embrasser Mademoiselle une telle, ou de lui défaire un nœud de ruban.

Alors on le rappelle et il doit se mettre en quête pour découvrir ce qu'on exige de lui. A chaque faute qu'il fait, on l'avertit en agitant une clef entre les branches d'une paire de pincettes et il donne un gage.

Dans ce jeu, le rôle de chercheur qui est si ennuyeux à tous les autres jeux, peut devenir fort agréable et donner l'occasion de déployer son esprit.

## La Main chaude

Tout le monde connaît ce jeu où le patient se cache la figure dans les genoux d'une personne en mettant sa main ouverte sur son dos.

Une des personnes vient frapper dans la main et le patient doit deviner qui a porté le coup.

Seulement nous croyons devoir nous élever avec force contre ces mauvais plaisants qui croient faire une chose risible en frappant de toutes leurs forces sur la main du joueur, et peuvent lui causer parfois un très-grand mal.

Nous croyons qu'il est de meilleur goût de frapper légèrement que de faire une torture d'un passe-temps.

## La Cigale et les Fourmis

On tire au sort pour savoir quelle est la personne qui remplira le rôle de cigale.

Cette personne écrira sur un morceau de papier, le nom d'un objet quelconque, puis ira vers chacun des joueurs, en leur posant la question suivante :

— Ma voisine, j'ai faim, prêtez-moi de quoi manger?

Le joueur interrogé doit répondre :

— Je vous donne...

En ajoutant à cette phrase le nom qu'il suppose écrit sur le papier de la personne qui remplit le rôle de cigale.

S'il rencontre juste, la cigale donne un gage et cède sa place à la personne que le sort a désigné après elle.

Si le joueur ne rencontre pas juste, il donne un gage, et la cigale continue à faire le tour de la société.

La deuxième cigale change la question, elle dit :

— Maintenant que j'ai bien mangé, j'ai froid, donnez-moi pour me couvrir.

Chacun cherche à deviner le nom du vêtement inscrit sur le papier de la cigale, et on observe les règles posées ci-dessus.

La troisième cigale dit à son tour :

— Moi, bien couverte et restaurée, j'éprouve le besoin de me remuer un peu, quelle danse dois-je choisir?

Lorsque l'on arrive au moment de tirer les gages, on doit de préférence imposer des danses pour pénitence ; l'ordonnateur peut de cette façon organiser des quadrilles, et, au besoin, s'il se trouve un musicien dans la société, improviser un bal, qui, sans apparat n'en sera que plus charmant.

## Le Couteau dans le Pot à eau.

Voilà encore une de ces mystifications comme nos pères aimaient à en décocher à ces importuns qui n'ont pas, en fait d'esprit, celui de comprendre que leur présence n'a rien d'agréable.

Un jeune homme monte sur une chaise, et se plaçant un couteau dans la bouche, il offre de parier que sans y mettre la main, il le fera tomber dans le pot à eau qu'il tient sur sa tête.

Un des initiés feint de tenir le pari.

Le jeune homme, faisant mine d'essayer, laisse tomber plusieurs fois le couteau ; ses amis le ramassent en le défiant et s'arrangent de façon que la victime future ramasse le couteau à son tour.

Alors le jeune homme monté sur la chaise, baisse la tête, et le pot à eau suivant ce mouvement inonde le malheureux, alors qu'il est dans une position à n'en pas perdre une goutte.

## La Pantoufle.

Ce jeu, fort connu de nos aïeux sous le nom de la Savate, s'exécute assis, soit dans un salon, dans un jardin ou dans une prairie. Mais c'est, sans contredit, à la campagne qu'il est le plus agréable.

Pour exécuter ce jeu avec quelque agrément il faut être en nombre impair. Tous les joueurs s'assoient à même sur le plancher, en s'intercalant de façon que chaque dame soit entre deux cavaliers, et chaque cavalier entre deux dames.

On doit s'asseoir en rond et en tenant les jambes pliées de façon à former sous les jarrets une sorte de galerie par où l'on peut faire circuler la pantoufle.

Celui que le sort a désigné pour commencer le jeu se tient au milieu du cercle, tenant la pantoufle à la main et la jette au hasard.

Les joueurs s'en emparent vivement et la font promener à droite ou à gauche, de façon à dépister le *fureteur* qui doit faire tous ses efforts pour la reprendre.

Lorsque l'on pense que le fureteur est désorienté, on frappe trois coups sur le plancher avec la pantoufle, en manière de défi, et on la repasse vivement à ses voisins.

Lorsque par suite de l'habileté du fureteur, on craint d'être pris comme détenteur de la pantoufle, on la rejette vivement dans le milieu du cercle, où les autres joueurs la reprennent et la remettent aussitôt en circulation.

Si, fatigué de ses recherches, le fureteur abandonne la partie, il doit donner un gage et recevoir de tous les joueurs un coup de pantoufle sur une partie du corps choisie par le frappeur.

Mais s'il parvient à saisir la pantoufle entre les mains de quelqu'un, cette personne donne un gage et prend la place du fureteur qui prend la sienne.

## Le Bouquet.

L'ordonnateur interroge chaque joueur sur les fleurs qu'il choisit pour composer un bouquet. Celui-ci doit nommer à haute voix le nom de trois fleurs.

L'ordonnateur les inscrit, et secrètement il ajoute à chacun de ces noms, le nom d'une des personnes de la société, et demande au joueur ce qu'il prétend faire de ces fleurs. Après que celui-ci l'a dit, il lui répond vous avez telle chose de Monsieur un tel, etc.

Exemple :

L'ORDONNATEUR. — Mademoiselle Louise, veuillez, je vous prie, composer un bouquet.

LOUISE. — Je choisis le coquelicot, la rose et l'œillet.

L'ordonnateur inscrit ces noms, et en regard ceux de trois personnes présentes, ainsi qu'il suit :

| | |
|---|---|
| Coquelicot, | Henri. |
| Rose, | Marie. |
| OEillet, | Edmond. |

Puis il continue :

L'ORDONNATEUR. — Que faites-vous du coquelicot?

LOUISE. — Je le jette dans les champs.

L'ORDONNATEUR. — Que faites-vous de la rose?

LOUISE. — Je la mets sur mon cœur.

L'ORDONNATEUR. — Et que faites-vous de l'œillet?

LOUISE. — Je le jette par la fenêtre.

L'ORDONNATEUR.—Eh bien, Mademoiselle Louise, vous avez jeté M. Henri dans les champs; vous avez mis Mademoiselle Marie sur votre cœur et vous avez jeté M. Edmond par la fenêtre. A vous M. Henri, etc.


## L'Histoire.

Parmi les jeux de société, voilà certainement un de ceux où l'intelligence et l'esprit ont leur plus grande part; avec un peu d'idée, on peut en faire un des divertissements les plus agréables.

Toutes les personnes se rangent autour d'une table ou d'un bureau, et celui qui dirige le jeu leur distribue à chacun un carré de papier blanc.

On convient du sujet. La première personne écrit une ou plusieurs phrases, et remet son carré de papier à l'ordonnateur en disant à son voisin de droite le dernier mot de ce qu'elle a écrit.

Le voisin de droite écrit ce qui lui vient à l'idée sur ce mot, et fait comme la première personne. Et ainsi de suite pour les autres joueurs.

Lorsque tout le monde a écrit son carré de papier, on peut recommencer encore un tour pour rendre l'histoire plus compliquée et plus piquante. Alors on fait le dépouillement, en lisant à la suite tous les carrés de papier, on a une chose des plus bizarres.

Nous allons donner un exemple de ce jeu.

Dix joueurs conviennent de faire une histoire sur les Aventures de la Marquise Noire. Voici le résultat du dépouillement.

**1er carré.** Louise: — La Marquise Noire était la châtelaine d'un castel qui dominait la *campagne.*

**2e carré.** Henri. — Elle l'aimait beaucoup et son bonheur était de s'y promener le *matin.*

**3e carré.** Françoise. — Mais le soir elle aimait à se renfermer dans sa sombre tourelle : ce qui lui avait valu le nom de Marquise Noire.

**4e carré.** Edmond. — Un sac de charbon l'était certainement moins que son âme.

**5e carré.** Emilie. — Elle ne contenait que de mauvaises pensées, et quoique femme elle eût fait pâlir par sa cruauté un chef de brigands.

**6e carré.** Emmanuel. — Ils étaient embusqués dans les buissons attendant la marquise au passage.

**7e carré.** Joséphine. — Mais il était fort dangereux, encaissé entre deux rochers ; les chevaux pouvaient à peine marcher et la marquise bouillait d'impatience.

**8e carré.** Gustave. Elle la surmonta néanmoins, et appela aussitôt ses hommes aux armes.


## Le Pince-sans-rire.

A ce jeu, chacun des joueurs pince le nez de son voisin en lui disant des choses burlesques : si celui-ci rit il donne un gage.


## Le Secrétaire.

Ce jeu s'est joué de toutes les façons, mais généralement elles avaient le tort de mettre en jeu l'amour-propre des personnes qui y prenaient part, et

étaient loin de procurer cette gaîté que l'on recher-
che dans les divertissements.

Nous allons donc indiquer une méthode qui, en
ne blessant personne, sera beaucoup plus agréable
que les anciennes.

La société se range autour d'une table, au haut
bout de laquelle se trouve l'ordonnateur du jeu qui
prend le titre de secrétaire.

On distribue des carrés de papier aux cavaliers et
aux dames, et chacun écrit sur ce carré de papier une
lettre adressée à une personne du sexe opposé au
sien, et dans n'importe quel sens.

Le secrétaire relève toutes les lettres en ayant
soin de séparer les lettres des cavaliers et celles des
dames.

Puis il les lit à haute voix, en prenant alternative-
ment une lettre d'homme et une lettre de femme.

## Le Signalement.

En commençant ce jeu, les hommes et les femmes,
qui doivent être en nombre égal, s'occupent de la
nomination de deux vérificateurs, choisis dans les
deux sexes. Tout le monde se place ensuite sur la
même ligne : les dames à droite et les cavaliers à
gauche.

A chaque extrémité de cette ligne, on dispose une
table ou un bureau, devant laquelle prennent place
les vérificateurs chargés de la direction du jeu.

Les vérificateurs dressent, chacun de leur côté,
une série de questions disposées trois par trois, et
en nombre égal à celui des couples dont la compagnie est composée.

Voici comment ces questions sont disposées :

POUR LES DAMES :

Si j'aimais quelqu'un, je voudrais qu'il eût :

1re Dame
{ Les Cheveux
{ Le Front
{ Les Yeux

2e Dame
{ Les Sourcils
{ Le Nez
{ Les Joues

3e Dame
{ Le Teint
{ Le Menton
{ Les Oreilles

4e Dame
{ La Bouche
{ La Poitrine
{ Les Dents

5e Dame
{ Les Epaules
{ Le Cou
{ Le Port

6e Dame
{ Les Bras
{ Les Genoux
{ Les Mains

7e Dame
{ Les Jambes
{ Les Ongles
{ Les Pieds

POUR LES CAVALIERS :

Si j'aimais une femme, c'est qu'elle aurait :

1er Cavalier
{ La Taille
{ La Naissance
{ Le Caractère

2ᵉ Cavalier { La Vue / Le Toucher / Le Sommeil

3ᵉ Cavalier { La Santé / La Figure / La Fortune

4ᵉ Cavalier { Le Cœur, / L'Ouïe / Le Goût

5ᵉ Cavalier { L'appétit / Le Ton / Le Son de voix

6ᵉ Cavalier { Les Talents / L'Esprit / L'Odorat

7ᵉ Cavalier { Le Maintien / La Mémoire / Les Inclinations

On peut augmenter ces questions ou les restreindre selon le nombre des personnes qui prennent part au jeu.

Lorsque toutes les questions sont prêtes de part et d'autre, le vérificateur féminin invite la dame qui est placée la première près de lui à remplir les blancs laissés aux trois premières questions : ce qu'elle fait, je suppose, de la façon suivante :

Cheveux............ Blonds.
Front............. Large.
Yeux............. Bleus.

Les trois questions suivantes sont soumises à la seconde dame, qui y répond et ainsi des autres.

Pendant ce temps-là, le vérificateur masculin s'adresse au cavalier qui est près de lui et procède de la même façon que le vérificateur féminin.

Lorsque toutes les questions sont remplies, le vérificateur féminin propose au premier Cavalier celles qui ont été posées à la première dame, de la façon suivante :

— Si vous vous décidiez à aimer une femme, comment voudriez-vous que fussent ses

Cheveux.......... Bruns.
Front............. Haut.
Yeux............. Gris.

Après avoir inscrit ces réponses, le vérificateur retourne près de la dame, et lui demande pour chacune de ses préférences la raison qui a guidé son choix et en prend note ; puis il va auprès du cavalier pour lui demander également ses raisons qui ne doivent pas être semblables à celles de la dame sous peine d'un gage. Si les deux personnes se sont rencontrées dans le choix d'une couleur ou d'une indication quelconque, les réponses sont soumises à la société qui les discute, et la personne dont la réponse est la moins satisfaisante par sa justesse ou par sa bizarrerie, doit encore un gage.

Cette marche est également suivie par le vérificateur masculin.

Celui qui dans ses réponses répète une qualité énoncée donne un gage.

## Les Métamorphoses,

Ce jeu, qui a quelque ressemblance avec la sellette, est fort agréable à jouer. L'ordonnateur du jeu se charge de recueillir les voix.

Chaque personne de la société choisit une chose quelconque pour lui servir d'emblème. Ordinairement les dames commencent.

Supposons que le choix d'une dame tombe sur une *épingle*, elle dira :

— Je voudrais être épingle.

L'ordonnateur s'adresse à toutes les personnes de la société en leur disant :

—Si madame était épingle qu'en feriez-vous? — Qu'en penseriez-vous ? — Que voudriez-vous être ?

Il recueille toutes les réponses pour les répéter à la personne métamorphosée qui doit en deviner les auteurs.

Dans ce cas, ils donnent un gage ; dans le cas contraire, c'est la personne métamorphosée qui le doit.

## Les Mariages par égalité de Caractères

### ET LES DIVORCES PAR INCOMPATIBILITÉ D'HUMEUR ET DE GOUT.

Ces deux jeux n'en forment qu'un. La compagnie se tient assise devant un bureau ; les dames d'un côté, les messieurs de l'autre.

L'homme et la femme qui se trouvent placés en face l'un de l'autre, sont les futurs conjoints. Quand il s'agit du jeu du mariage, et les époux mécontents l'un de l'autre dans le jeu du divorce.

Un couple est choisi pour former le tribunal et on lui adjoint le cavalier ou la dame excédant les couples.

Chaque personne prend ensuite un carré de papier et trace dessus l'esquisse de son caractère.

Lorsque tout le monde a fini d'écrire ce qui doit se faire le plus brièvement possible, le tribunal mande gravement à sa barre les deux futurs conjoints qui sont le plus éloignés de lui et se fait remettre par eux le papier, sur lequel on lit à haute voix les défauts ou les qualités qu'ils s'attribuent.

S'il existe une grande analogie de caractères entre les deux futurs, ils sont déclarés époux; si leurs goûts sont opposés, le tribunal déclare qu'il n'y a pas lieu à mariage et leur fait donner un gage à chacun.

Pour le jeu du divorce, le mariage est confirmé lorsqu'il y a égalité d'humeur, et tous deux doivent donner un gage pour avoir demandé à tort leur séparation; le mariage est dissous lorsque l'incompatibilité est réelle, et les deux divorcés vont augmenter le nombre des juges.

## Les Proverbes à la muette.

Chaque joueur doit faire à son tour un proverbe par signe, et doit le rendre assez intelligible pour qu'une personne puisse le répéter à haute voix. On nomme un président ou une présidente qui doit connaître le jeu, et a le droit d'interroger le joueur et de décider s'il est resté dans les limites de son jeu. Tous les joueurs qui n'ont pu deviner donnent un gage; en cas de rejet du jeu mimique, le gage est dû par celui qui ne s'est pas rendu compréhensible. Exemples :

Une dame se frotte le dessus de la main avec son ongle, puis après, fait remarquer la rougeur qui en est le résultat, en faisant mine qu'elle en ressent une violente démangeaison.

Le mot de ce proverbe est : Trop gratter cuit.

Une personne prend un grand nombre d'objets entre ses bras, va à travers le salon en les laissant tomber les uns après les autres.

Le mot de ce proverbe est : Qui trop embrasse mal étreint.

Un joueur prend une pierre et la lance à terre, puis la ramasse et recommence deux ou trois fois ce manége en faisant remarquer aux assistants qu'elle est toujours la même.

Ce qui veut dire : Pierre qui roule n'amasse pas mousse.

On prend un vase quelconque, on fait mine plusieurs fois de puiser de l'eau à une fontaine que l'on imagine se trouver dans le salon. A la dernière fois, on le brise. Et le monde saura que cela veut dire : Tant va la cruche à l'eau qu'à la fin elle se casse.

On voit que ce jeu ouvre une mine inépuisable à l'imagination.

## Le Volant d'amour.

Ce jeu est très propre à exercer la mémoire et il est fort divertissant, surtout lorsque les joueurs sont nombreux.

Supposons une société composée de dix personnes, dont cinq cavaliers et cinq demoiselles ou dames, nous leur donnerons les noms suivants :

| CAVALIERS. | DAMES. |
|---|---|
| Lycanor. | Amaryllis. |
| Mélibée. | Chloé. |
| Daphnis. | Phélibée. |

Tircis.                    Sapho.
Acténor.                   Clitemnée.

Lorsque les noms sont distribués, celui qui dirige le jeu l'ouvre par cette phrase :

— Mesdames, voulez-vous jouer au volant d'amour !

Une des dames fait la réponse suivante ;

— Sans doute, mais comment jouer au volant sans raquette ?

L'ordonnateur a eu la précaution de dresser une liste de tous les noms des personnes prenant part au jeu, et en regard il a écrit le nom d'un objet dont il est censé vouloir faire cadeau.

Il continue :

— Bergers et bergères, vous remplacerez la raquette par votre langue, et s'il plaît aux dieux, il n'y aura point de désavantage. Je vous préviens au nom de l'Amour, que je vous ai fait secrètement un présent, je vous engage donc à vous en faire mutuellement, berger Lycanor, je vous remets entre les mains le volant d'amour.

(Ici la formule de la réponse change selon le sexe de la personne qui doit la faire. Si c'est un homme il doit répondre : Bien obligé! Si c'est une dame, elle doit dire : Grand merci!

Lycanor. — Bien obligé! Je le reçois et je le renvoie avec un baiser à Chloé.

Chloé. — Grand merci! je le reçois et je le renvoie à Daphnis avec une houlette.

Daphnis. — Bien obligé! je le reçois et je le renvoie à Phélibée avec un mouton.

Et ainsi de suite.

Pendant ce temps, l'ordonnateur veille aux fautes commises et fait donner les gages.

Quand le tour est fini, tout le monde change de noms, ce qui, en augmentant les erreurs, rend le jeu beaucoup plus amusant en multipliant le nombre de gages.

## Le Trocadéro.

On prend autant de pièces de monnaie qu'il y a de joueurs. Celui qui commence le jeu en prend un certain nombre dans sa main, et demande à chaque joueur de dire combien il a de pièces dans la main.

On ne peut pas répéter un chiffre qui a été déjà dit sous peine d'un gage ; on ne peut pas non plus dire un chiffre dépassant le nombre de personnes composant la réunion.

Celui qui dit le nombre paye un gage et continue le jeu, si, par suite de fautes commises, personne ne devine le nombre, celui qui tient le jeu paye un gage, et le cède au joueur qui est à sa droite.

## La Taupe.

Ce jeu des plus faciles consiste à dire à l'un des joueurs :

— As-tu vu ma taupe ?
— Oui, j'ai vu ta taupe.
— Sais-tu ce que fait ma taupe ?
— Oui, je sais ce que fait ta taupe.
— Sais-tu faire comme elle ?

Il s'agit de fermer les yeux toutes les fois qu'on répond ; quand on ne le fait pas, on donne un gage.

## Le Chat ou la Souricière.

Il est nécessaire à ce jeu que le nombre des dames soit égal à celui des cavaliers.

On s'assied sur deux rangs, et à peu de distance les uns des autres ; les dames d'un côté et les cavaliers de l'autre, en face.

Les cavaliers sont transformés en rats et les dames en souris.

Chacun des rats choisit un mot auquel il doit répondre par un signe ou par un geste dont on est convenu.

Par exemple un à Fromage ; un autre à Pain ; celui-ci à Cuir ; celui-là à Lard. Quand un de ces mots est prononcé, celui qui l'a adopté lève un bras en l'air.

Les souris choisiront des mots du genre féminin, ainsi l'une répondra au mot Farine, l'autre au mot Noix ; celle-ci au mot Chandelle ; celle-là au mot Graisse.

Le geste des souris est de gratter avec une clef sur quelque chose qui fasse du bruit.

Quand le maître dit : Souris, toutes doivent gratter ; et quand il dit : Rats, tous doivent lever les deux bras en l'air.

Le maître de la maison est le seul qui parle : il y a de plus un personnage qui joue le rôle de chat : il n'est pas assis avec les autres joueurs, il se tient à l'écart dans un coin, assis et caché.

Quand le maître fait entendre le mot Chat, celui-ci doit miauler ; quand c'est le mot Minet, il doit faire frou, frou, frou, frou.

De plus, on choisit un coin que l'on nomme la

souricière et où l'on conduit les souris et les rats qui se sont laissés prendre par le chat.

Quand le maître dit la souricière, tous les rats et toutes les souris doivent baisser leur tête sur leurs genoux, excepté celui ou celle que l'on y conduit.

Voici comment se joue ce jeu.

Le Maitre. — On dirait que ma graisse a été mangée.

(La souris qui porte le nom de graisse, doit gratter avec une clef, sinon un gage.)

Le Maitre. — Sans doute qu'ici il y a des rats.

(Tous les rats lèvent les bras en l'air.)

Le Maitre. — Et peut-être mêmes des souris.

(Toutes les souris grattent.)

Le Maitre. — Oh ! mais je vais appeler le chat.

(Le chat miaule, mais sans paraître, sans quoi il payerait un gage.)

— Miaou, miaou.

A ce bruit, tous les rats et les souris s'alarment et se lèvent comme pour fuir et se tiennent accroupis derrière leurs chaises, jusqu'à ce que le maître dise :

— Il ne vient pas, il est loin.

Alors tous doivent se rasseoir.

Le Maitre, continuant. — C'est égal, lorsque je le trouverai, je l'enfermerai ici... Ah ! je l'aperçois. Minet ! Minet !

Le chat alors s'avance en faisant frou frou.

Les souris et les rats se lèvent en manifestant un grand effroi, et changent de place : c'est-à-dire que les rats prennent la place des souris, et vice versâ. Le chat doit profiter de ce mouvement pour saisir quelque rat ou quelque souris encore debout.

« S'il réussit ou qu'il les saisisse dans le rang, il leur fait donner des gages et le maître dit :

— A la souricière !

Alors rats et souris doivent baisser la tête, pendant que le chat conduit ceux qu'il a pu saisir à la souricière, où ils doivent rester jusqu'à ce qu'on tire les gages.

## Le Scieur.

Ce jeu a quelque analogie avec le précédent et entraîne avec lui tant de bizarreries qu'il excite la plus franche gaieté, devenant un véritable passe temps fort agréable.

L'ordonnateur prend le nom de scieur et dirige le jeu.

Les autres joueurs adoptent les noms suivants et doivent, suivant la direction du jeu, faire les cris qui s'y rapportent.

Le Monteur — Je prends mon bâton.

Le Baton — Me voilà.

Le Pliant. — Mettez dessus.

La Scie. — Ksie, Ksie, Ksie.

Le Suif. — Je fonds, je fonds.

La Buche. — Aïe, aïe, aïe.

L'Escalier. — Haut le pied.

Le petit Coup. — Glou, glou, glou.

Chaque fois que le sieur dit l'ouvrage tout le monde doit faire mine de scier.

Nous allons donner un exemple de ce jeu.

Le Scieur. — Je me suis levé de bon matin aujourd'hui, et comme j'ai bu déjà un bon petit coup...

Le petit Coup. — Glou, glou, glou.

Le Scieur. — ... Je veux me mettre avec ardeur à l'ouvrage...

(Tout le monde se lève, fait mine de scier en poussant le cri : Ksie, Ksie, Ksie).

Le Scieur. — Voyons j'aperçois une belle bûche...

La Buche. — Aïe! aïe! aïe!

Le Scieur. — Elle est tellement lourde que peut-être elle cassera mon pliant...

Le Pliant. — Mettez dessus:

Le Scieur. — Mais je ne sais pas trop comment va ma scie...

La Scie. — Ksie, Ksie, Ksie.

Le Scieur. — Je vais la graisser avec du suif..

Le Suif. — Je fonds! je fonds!

Le Scieur. — Allons à l'ouvrage!

(Même mouvement que celui qui est indiqué plus haut.)

Le Scieur. — Je crois que j'ai de quoi fournir

Le Monteur. — Je prends mon bâton.

Le Baton. — Me voilà.

Le Scieur. — C'est bien, mais prenez garde à l'escalier...

L'Escalier. — Haut le pied?

Ce jeu comme on le voit, peut se varier à l'infini et un ordonnateur avec un peu d'intelligence, peut augmenter facilement le nombre de gages.

## Le roi d'Éthiopie.

Ce jeu est l'un de ceux que l'on choisit lorsque l'on veut mystifier une personne de la société qui n'en connaît pas le fin mot.

On convient à l'avance du rôle que chacun doit jouer dans cette bouffonnerie et l'on s'arrange de manière à faire tomber le titre de roi à celui que l'on a l'intention de mystifier.

Pour cela faire une des personnes de la compagnie

déclare qu'elle est le génie protecteur du royaume, et se retirant dans un coin un peu sombre, elle s'adresse en ces termes à son auditoire :

« Heureux habitants de la fertile Ethiopie, les Dieux m'ont envoyé près de vous pour vous aider à choisir un roi pour ce beau pays et présider à son couronnement ainsi que pour distribuer les différentes charges de la couronne. Comparaissez donc tous devant moi humiliez-vous en me demandant à voix basse l'emploi que vous croyez avoir le talent de remplir; je vous l'accorderai si vous le méritez réellement; j'imposerai les mains sur votre tête et alors vous retournerez sans honte et sans confusion à votre place, où, lorsque j'aurai fini, nous discuterons ensemble les intérêts du pays. »

Tout le monde, à tour de rôle, vient se prosterner devant le génie qui accorde l'emploi que l'on demande en ordonnant de baisser la tête et fermer les yeux. Alors, en marque d'adhésion, il pince légèrement les joues et le menton à l'un, frotte le front à l'autre donne une pichenette à celui-ci, un petit soufflet à celui-là, et tout cela d'une façon tellement ostensible que celui auquel on destine le rôle de roi ne se doute de rien lorsqu'on lui en fera autant.

Le futur roi s'avance donc à son tour et demande une place quelconque.

— Ah ! quelle rare modestie ! s'écrie le génie ; quoi vous, simple officier de la couronne ! Je ne souffrirai pas cela : vous serez roi, car nul, plus que vous, n'est digne de cet insigne honneur. Chambellan, approchez, prenez ce bandeau royal (un ruban quelconque), et ceignez-en le front de votre auguste maître.

Pendant cette opération, le génie se noircit les doigt

sur un bouchon brûlé que l'on a préparé à l'avance.

— Maintenant, sire, dit-il, courbez la tête et fermez pieusement les yeux, vous allez recevoir l'onction sacrée.

En disant ces mots, il barbouille le pauvre souverain en tous sens, et pendant que tous les sujets crient avec empressement : Vive le roi d'Ethiopie ! il le conduit gravement au trône autour duquel prennent place tous lès dignitaires sur des siéges moins élevés.

Ils viennent ensuite, les uns après les autres, se présenter devant le roi en déclinant leurs titres et qualités ; et le souverain leur fait promesse d'un cadeau analogue à leurs fonctions, ou s'il n'est pas tel l'officier doit en remerciant promettre de ne s'en servir que pour le service de Sa Majesté.

Lorsque chaque dignitaire a fait hommage et reçu son cadeau, le génie reprend.

— Un pays doit s'estimer heureux lorsqu'il a un bon roi et des ministres intelligents à sa tête, mais il est nécessaire pour sa prospérité que le roi choisisse une épouse distinguée par ses grâces et ses vertus, qui lui donne un successeur, si nous étions assez malheureux pour le perdre. (Puis s'adressant au roi :) Toutes les dames de votre royaume vont défiler devant votre Majesté, qui voudra bien donner son mouchoir à celle qu'elle jugera digne de ce suprême honneur.

Toutes les dames de la société passent devant le roi, et celle à qui le mouchoir a été donné, court chercher un miroir qui a été placé à dessein dans un endroit remarquable, le met sous les yeux du roi, qui rend son mouchoir en lui disant d'un ton ironique :

— Je crois que Votre Majesté ferait bien de garder son mouchoir pour se débarbouiller.

A ces mots tout le monde entonne en chœur d'une façon formidable les cris suivants :

— Vive le roi d'Ethiopie ! il est digne de régner sur les charbonniers, les ramoneurs et les chaudronniers, dont le teint n'approche pas de la blancheur du sien!!!

## Le Roi dépouillé.

Pour parler plus exactement ce jeu devrait s'appeler l'esclave dépouillé : il faisait les délices de nos bons aïeux, mais aujourd'hui il est presque complétement rejeté, et nous ne saurions en dire la raison. Cependant nous ne pouvons nous dispenser de le faire connaître en quelques mots, et peut-être quelques amateurs de jeux de société nous sauront-ils gré de notre détermination.

On commence par choisir pour roi ou pour reine une personne connaissant le jeu et pouvant, par conséquent, le guider convenablement : on la place sur un trône élevé à l'une des extrémités du salon.

On désigne aussi un esclave que l'on fait asseoir aux pieds du souverain. Celui-ci appelle une personne de la société et lui dit :

— Approchez-vous de mon esclave.

La personne appelée ne doit pas s'approcher de suite, sous peine de donner un gage, elle doit dire auparavant :

— Oserai-je?

Le roi réplique :

— Osez.

Elle s'avance alors et dit :

— J'ai fait, sire, que ferai-je ?

Le roi ordonne ce qu'il juge convenable, ainsi par exemple, il dira :

— Otez à l'esclave sa cravate, sa chaîne, etc.

A chaque commandement la personne auquel il est adressé doit dire :

— Oserai-je ?

Et attendre pour l'exécuter que le roi ai dit :

— Osez.

Et lorsqu'elle a fini, elle ne doit pas oublier de dire :

— J'ai fait, sire, que ferai-je ?

Il est un moyen qui fait facilement donner des gages, c'est lorsque le roi dit brusquement à la personne qu'il a appelée :

— Retournez à votre place.

Il est rare qu'elle peuse à dire : Oserai-je ? et sa négligence est punie.

Le roi appelle autant de personnes qu'il le juge à propos, mais on comprend que la plus grande circonspection est nécessaire à ce jeu.

## Les Réponses rimées.

Ce jeu consiste à faire une réponse dont le premier mot rime avec le dernier d'une question qui vous a été adressée et avoir soin de faire terminer la question que l'on pose à son tour par une rime féminine si l'on vous en a posé une avec une rime masculine.

Exemple :

UN MONSIEUR. — Comment vous portez-vous, madame ?

UNE DAME. — Dame ! monsieur, assez bien. Aimez-vous la promenade en bateau ?

Un Monsieur. — Nouveau. Que ferez-vous dimanche.

Une Dame. — L'anche de ma clarinette est cassée, etc.

A ce jeu, il y a de ces petites malices qui ne laissent pas que d'embarrasser ceux à qui c'est le tour de répondre : on emploie de ces mots qui n'ont aucune équivalente, tels que : triomphe, perdre, etc.

## La Reine de Nubie.

Ce jeu est le pendant du Roi d'Ethiopie, que nous avons cité plus haut et comme lui a pour but de barbouiller de noir la figure de la personne que l'on veut mystifier. Mais le moyen que l'on emploie pour atteindre ce but est beaucoup moins compliqué et beaucoup plus sùr.

On dispose une boîte à double fond s'ouvrant des deux côtés : dans l'un on dépose une petite figure noire sur un morceau d'une étoffe quelconque de même couleur, afin que la ruse ne puisse être soupçonnée, et de l'autre on met de la poussière de charbon.

On confie la boîte à une personne qui prend le titre de reine de Nubie.

Avant que de commencer, elle fait voir et toucher la petite figure à tout le monde, sans affectation, ainsi qu'à celui qui est le but de la mystification.

Elle annonce ensuite que l'on verra cette figure s'animer et faire quelques mouvements sous le souffle d'une personne de la société.

Ensuite la reine de Nubie indique les règles que l'on devra suivre à ce jeu.

Les personnes que l'on appellera pour souffler sur

l'amour nubien devront, sous peine de donner un gage :

1º Se lever aussitôt qu'on les appellera en croisant les bras sur la poitrine;

2º S'avancer avec une contenance grave et sérieuse vers la reine de Nubie;

3º La saluer à la façon orientale et sans proférer un seul mot.

4º Souffler sans rire sur le petit amour nubien ;

5º Reprendre leur place avec la même contenance grave et sérieuse qu'elles ont dû prendre dès le commencement, et saluer à l'orientale en s'asseyant, etc.

Une fois les règles établies et bien comprises par tout le monde, la reine de Nubie récite les vers suivants :

> L'illustre reine de Nubie
> A dans ce coffre emprisonné
> Un amour africain sans vie,
> Sur ce petit infortuné,
> Que chacun de vous, je vous prie,
> Veuille bien souffler tour à tour,
> Et l'Amour
> Reverra le jour.

La personne qui remplit le rôle de la reine de Nubie, doit surtout éviter d'appeler d'abord la personne que l'on a l'intention de mystifier.

Mais elle appelle plusieurs autres joueurs qui, observant avec soin le cérémonial indiqué et soufflant avec force dans la boîte sans éprouver d'accident, enlèvent toute idée de soupçon.

La reine de Nubie doit refermer la boîte chaque fois qu'une personne a soufflé sur le petit amour.

Elle frappe légèrement dessus, et la porte à son oreille et dit :

> Tic, tac, tic, tac,
> Hélas ! Hélas !
> L'Amour ne ressuscite pas.

Lorsque celui que l'on veut mystifier vient à son tour pour souffler comme les autres, la reine de Nubie tourne adroitement la boîte et lui présente le côté qui est rempli de noir en poussière.

On devine d'ici le résultat : sa figure, de blanche qu'elle était, a acquis la ressemblance de l'ébène, ce qui ne manque pas d'exciter l'hilarité des spectateurs qui, pour le consoler de sa mésaventure, chantent autour de lui :

> Vive l'amour et son libérateur
> Que l'on prendrait pour un ramoneur.

Cependant nous croyons de bonne guerre de conseiller au mystifié d'embrasser les dames qui riront le plus de lui.

### Le rat sans parler.

Ce jeu n'a d'autre but que l'exercice et par conséquent on n'y donne point de gages.

Tout le monde s'assied à terre et en cercle.

Il faut se munir d'un instrument qui, en le promenant par terre fasse un bruit de râclement.

On tire au sort pour désigner le premier rat qui se place debout au milieu du cercle.

Alors on gratte du côté où le rat ne regarde pas, le rat se retourne vivement pour tâcher de s'emparer de l'instrument ; mais on le passe subtilement à un autre qui gratte d'un autre côté.

Cela fait encore retourner le rat qui cherche de

nouveau à s'emparer de l'instrument : mais celui-ci le repasse à un autre qui gratte à son tour.

Lorsque le rat parvient à s'emparer du grattoir celui qui en était possesseur devient rat à son tour et cède sa place à celui qui l'était avant lui.

Quelquefois celui qui remplit le rôle du rat s'arrête excédé en demandant qu'on le remplace : il est de bon goût de ne pas lui refuser et on en appelle au sort pour lui donner un successeur.

## Le nouveau pied de bœuf.

Ce jeu est d'invention moderne et ne ressemble au jeu naïf de nos aïeux que par le nom.

On désigne qu'elle est la personne qui va commencer. Celle-ci s'adresse à son voisin en lui disant.

— Je vous vends mon pied de bœuf. Combien me l'achetez-vous ?

La personne interpellée répond un nombre quelconque, mais il faut que ce nombre ne soit pas 9, ni divisible par 9, ni que les chiffres qui le composent additionnés entre eux produisent 9 ou un nombre divisible par 9.

## Le Procès des Animaux.

L'ordonnateur du jeu prend le nom de Mercure ; puis il écrit sur des carrés de papier autant de noms d'animaux qu'il y a de personne dans la société. On met ces carrés dans un chapeau et chacun tire à tour de rôle le nom auquel il devra répondre.

Admettons qu'il y ait cinq personnes, en plus de Mercure, l'une sera le lion ; l'autre le tigre ; celle-ci la chatte ; celle-là le cheval, et la cinquième le bœuf.

Mercure ouvre le jeu par un petit discours dans le goût de celui-ci :

« Jupiter m'envoie près de vous sur cette terre pour vous juger ; car vos crimes ont monté jusqu'à l'Olympe, et le maître des dieux est décidé à châtier les coupables. Vous avez tous mangé des os, quand vous auriez pu assouvir vos appétits brutaux d'une tout autre façon. Vous, lion, qu'avez vous mangé?

LE LION. — Dieu tout puissant, je ne suis pas coupable des crimes que vous nous reprochez : j'ai mangé du cerf, du faisan, de l'hippopotame.

MERCURE. — De l'hippopotame! grands dieux! quel forfait épouvantable. Passe encore pour le faisan et le cerf, mais de l'hippopotame ! vous payerez deux gages pour expier ce crime. Et vous, tigre ?

LE TIGRE. — J'ai mangé du chacal, de l'âne, du serpent.

MERCURE. — C'est très-bien en dépit de votre férocité bien connue je vous renvoie innocent. Qu'avez-vous mangé ma petite chatte?

LA CHATTE. — Jupiter sera miséricordieux avec moi, car je n'ai mangé que des rats et des souris.

MERCURE. — Que vous vous trompez, ma mie. Vous faites fort bien de manger les rats, mais les souris...

LA CHATTE. — Pourtant je suis sur cette terre pour manger les unes, comme les autres.

MERCURE. — Votre erreur est tellement grande que vous me payerez un gage pour avoir mangé des souris. Et vous, Cheval?

LE CHEVAL. — O dieu des voleurs et des marchands, soyez-moi favorable, je n'ai mangé que du foin et toutes sortes de fourrages.

MERCURE —Hé quoi ! toi aussi tu viens hypocritement réclamer ma bienveillance, quand tu es aussi coupable que les autres ? Pour ta punition tu payeras deux gages. Et vous, Bœuf?

Le Bœuf. — O Mercure aux talons ailés, je n'ai mangé que de la luzerne, du trèfle, de l'herbe fleurie.

Mercure. — Aussi seras-tu renvoyé comme inno-cent.

Par l'exemple qui précéde on voit que ce jeu est un dérivé de celui qui a pour titre : M. le Curé n'aime pas les os, la règle est absolument la même : c'est la forme qui diffère.

## Le Papillon d'amour.

Ce jeu est des plus charmants par la galanterie qu'il permet de déployer avec les dames qui, par leurs réponses piquantes et malicieuses, ouvrent le plus grand champ à l'esprit.

Les cavaliers prennent des noms d'insectes pendant que les dames ne prennent que des noms de fleurs.

Ainsi les uns se métamorphoseront en : papillon, scarabée, bête-à-bon-dieu, bourdon, frêlon ; tandis que les autres deviendront de gracieuses roses, tube-reuses, hyacinthes, immortelles, primevères.

Le grand secret, à ce jeu, est de prendre la pa-role aussitôt que l'on entend prononcer le nom que l'on a adopté et à tourner une phrase de façon à nommer le nom choisi par une autre personne et lui céder la parole.

L'exemple suivant en fera facilement comprendre le mécanisme.

Le Papillon. — Quel bonheur de s'ébattre ainsi au soleil au milieu de ces champs parfumés ; mais j'éprouve le besoin de me reposer et j'aperçois là-bas, ouvrant son sein au doux zéphyr, une charmante rose.

La Rose. — Arrière, esprit frivole et léger, comme tes pareils tu es flatteur et tu aimes butiner de fleur en fleur, les laissant toutes gémir sur ton inconstance. Je ne t'aimerai jamais et je préfère mille fois la bête-à-bon-dieu.

La Bête-a-bon-Dieu. — Merci, à la plus aimable des roses; que cette réponse renferme de bonheur pour moi; aussi, pour la toujours mériter, sans plus tarder, je vais quitter la tubéreuse.

La Tubéreuse. — Hé quoi! ingrat? c'est ainsi que tu reconnais les bienfaits dont je t'ai comblé; moi qui m'étais abandonnée à ta loyauté, dois-je en ce jour funeste reconnaître mon erreur et me consumer dans les pleurs? Mais non, j'appellerai le scarabée et il me vengera.

Le Scarabée. — Oui, noble dame, je suis prêt à punir l'audacieux qui a osé vous déplaire. Armé de ma cuirasse éclatante de mille feux, je me ris de ses vains efforts, et ma sœur la primevère m'aidera de ses vœux.

La Primevère. — Oui, mon frère. L'amour soutiendra ton courage et tous les francs chevaliers seront de ton côté, si le succès ne répondait pas à ton courage appelle à ton aide le bourdon ... etc.

Nous arrêtons ici cet exemple car il est plus que suffisant pour faire connaître la marche de ce jeu. Quant aux gages ils se donnent à chaque faute commise.

## Les Fagots.

Les Fagots sont plutôt un jeu d'exercice que d'esprit, et ceux qui le joueront sont sûrs de s y amuser, surtout si les joueurs sont agiles. Ce jeu peut se jouer sur une pelouse ou dans un grand salon.

Voici comment il s'exécute :

Il est nécessaire que les joueurs soient en nombre pair, et qu'il y ait autant de dames, que de cavaliers. Chaque cavalier tient une dame devant lui, c'est ce qu'on appelle former des fagots; ils sont disposés en rond, et doivent être assez séparés les uns des autres pour qu'on puisse facilement circuler au milieu d'eux. Une dame et un cavalier désignés par le sort, doivent courir l'un après l'autre. La personne qui est poursuivie, et qui est d'ordinaire une dame, a le droit de traverser les fagots dans tous les sens, tandis que le cavalier ne peut tourner qu'autour du cercle.

Si la personne qui court la première se laisse atteindre par celle qui la poursuit, elle prend sa place, et se voit condamner à en poursuivre une à son tour; à moins que pour éviter d'être prise, elle n'aille se placer devant l'un des fagots, en dedans du cercle et à son choix.

Alors il faut que l'une des deux personnes composant ce fagot s'échappe à l'instant et remplace celle qui vient se réfugier près d'elle : une dame ne peut être remplacée que par une dame et un cavalier par un cavalier.

Si le nouveau coureur est pris, il est forcé de poursuivre celui qui vient de l'atteindre; mais ce dernier a la faculté de pénétrer dans le cercle et de se placer devant l'un des fagots, ce qui donne sur lo champ un nouveau coureur obligé de s'enfuir comme le premier et ainsi de suite. On voit que le nombre trois est proscrit dans ce jeu.

Il existe un autre jeu de fagots, mais qui n'a aucun rapport avec celui que nous venons de décrire.

Voici comment il se joue :

Les joueurs sont assis, le maître des jeux inscrit le nom d'une espèce de bois; tels que le sapin, le platane, le chêne, l'acacia, l'ormeau, l'acajou, le pin, le noyer, etc., ensuite il dit à son voisin de droite :

— Voulez-vous acheter mon fagot?

— Oui, répond celui-ci.

— De quel bois est-il fait, réprend celui qui a parlé le premier.

Si la personne interrogée répond par le nom du bois inscrit d'avance par l'interrogateur, ce dernier lui remet le papier, et il faut que celui qui a rencontré si juste paie un gage, inscrive à son tour une autre espèce de bois et adresse les mêmes questions aux joueurs.

Si au premier tour, il ne se trouvait personne qui puisse deviner le bois inscrit, l'interrogateur paierait un gage et ferait un autre tour, sans pouvoir changer toutefois le nom de l'espèce de bois qu'il aurait écrit, et comme dans ce jeu il n'est pas permis de répéter ce qui a déjà été dit, ce second tour présente plus de difficultés et fait sentir la nécessité sinon d'être un excellent pépiniériste, du moins de connaître quelque peu les noms des arbres qui peuplent les jardins et les forêts.

## La Feuille d'amour.

Ce jeu exige beaucoup d'attention et de mémoire. On le joue de la façon suivante :

Une personne de la société prend un jeu de piquet et distribue deux ou trois cartes, à chacun suivant lé nombre de joueurs, et met en réserve le talon qu'elle seule peut consulter quand il lui plaît, car elle ne prend part au jeu, elle ne fait que l'inspecter et veiller à sa marche.

La distribution finie, l'ordonnateur des jeux dit à la personne qui se trouve à sa droite :

— As-tu lu la feuille d'amour ?

Elle doit répondre ;

— J'ai lu la feuille d'amour.

— Qu'as-tu vu sur la feuille d'amour ?

— J'ai vu (ici le répondant nomme les cartes qu'il lui plaît, pourvu qu'elles soient différentes de celles qu'il a dans la main.)

Le conducteur du jeu consulte les cartes qu'il a en réserve, et que la carte nommée s'y trouve, le répondant donne un gage. Si elle n'y est pas, chacun des joueurs examine son jeu, et celui qui l'y trouve la dépose entre les mains de l'ordonnateur.

Si la personne qui a désigné la carte et celle qui l'avait sont de sexe différent, il en résulte un baiser donné entre eux ; sinon tous deux doivent un gage : dans l'un et l'autre cas, le jeu continue ; c'est-à-dire que celui qui a répondu interroge à son tour son voisin de droite, et qu'ils emploient la formule :

— As-tu lu la carte d'amour, et ainsi de suite jusqu'à ce que toutes les cartes soient revenues au talon.

A force de nommer des cartes, il est assez naturel que la mémoire fasse défaut et qu'on en répète quelques-unes déjà nommées. Le joueur a qui cela arrive donne un gage. Pour éviter des recherches continuelles, qui ne tendraient qu'à rendre le jeu interminable, l'ordonnateur doit tenir cachées toutes les cartes déjà nommées.

A mesure que les cartes s'épuisent, ceux des joueurs qui n'en ont plus se retirent du jeu. Les conseils sont interdits et ceux qui s'aviseraient d'en donner paieront un gage.

## La Maîtresse de pension

### OU LE PETIT DOIGT RAPPORTEUR

Quoi qu'à proprement parler ce jeu ne convienne qu'aux demoiselles, on peut cependant y admettre des garçons, leur présence ne pouvant contribuer qu'à le rendre plus piquant.

La société se dispose en demi-cercle, au centre, on place un siége pour la maîtresse de pension qui est désignée à l'avance. Celle-ci désigne une autre personne qui va s'asseoir sur la sellette, en face de ses compagnes; et doit se tenir prête à répondre à tous les chefs d'accusations qu'il plaît à sa maîtresse de lui imputer.

Nous allons donner un exemple de ce jeu :

LA MAITRESSE. — Mademoiselle Annette, hier à l'heure de la récréation, vous vous êtes absentée sans m'en demander l'autorisation, je désire savoir où vous êtes allée.

L'ACCUSÉE. — Chez ma voisine. (Elle doit en même temps désigner une de ses compagnes, qui doit aussitôt répondre : Oui, maîtresse; sinon elle donne un gage.

LA MAITRESSE. — Vous ne dites pas tout; vous avez été autre part; mon Pouce me l'a dit.

Quand l'accusée entend prononcer le mot pouce, elle doit répondre : « Il n'en sait rien; » et elle doit le dire tant que la maîtresse ne nomme pas un autre doigt.

La Maitresse. — Et ce n'est point seule.

L'Accusée. — Il n'en sait rien.

La Maitresse. — Il soutient pourtant que vous êtes allée dans le jardin.

L'Accusée. — Il n'en sait rien.

La Maitresse, — Où vous avez rencontré un beau jeune homme.

L'Accusée. — Il n'en sait rien.

La Maitresse. — Et que vous avez même mangé des prunes ensemble. C'est mon doigt du milieu qui me le dit.

L'Accusée. — Ne le croyez pas. (Cette réponse doit se faire tant qu'il s'agit du doigt du milieu.

La Maitresse. — Puis vous êtes sorti avec lui.

L'Accusée. — Ne le croyez pas ; ma voisine sait bien le contraire. (Elle montre du doigt une autre personne qui doit répondre comme la première : Oui, maîtresse.)

La Maitresse. — Une belle voiture était à la porte du jardin ; vous y avez pris place avec lui, et il vous a ramené ici.

L'Accusée. — Ne le croyez pas.

La Maitresse. — Le cheval allait trop vite, le beau jeune homme ne pouvait modifier son allure. une des roues a accroché une borne et le cabriolet a versé.

L'Accusée. — Ne le croyez pas.

La Maitresse. — Quand vous êtes rentrée, votre robe était couverte de boue.

L'Accusée. — Ne le croyez pas. J'ai pour moi le témoignage de une, deux, trois, de mes voisines. (L'accusée, quand elle parle ainsi, doit désigner de préférence, celles qui ne sont pas attentives au jeu; toutes doivent répondre : Oui, maîtresse, ou donner un gage.

LA MAITRESSE. — C'est mon petit doigt qui me l'a dit.

Aux mots de petit doigt, l'accusée et toutes les demoiselles doivent s'écrier en même temps :

L'ACCUSÉE. — Pardon, maitresse, il a menti.

Toutes les demoiselles. — Oh ! le méchant petit doigt.

LA MAITRESSE. — Il persiste à le dire pourtant.

L'ACCUSÉE. — Il a menti ; demandez à toutes mes voisines.

Toutes, sans dire un mot, avancent la main comme pour attester que l'accusée a dit vrai. La moindre hésitation est punie par un gage.

LA MAITRESSE. — Il dit que ces demoiselles sont des menteuses.

Toutes alors doivent se lever, celles qui restent assises donnent un gage. Le jeu étant terminé, l'accusé rentre dans les rangs, on nomme une nouvelle maîtresse qui désigne une nouvelle accusée, et ce jeu recommence avec de nouvelles variantes.

Mais si la première maîtresse, est satisfaite de l'attention de la compagnie, elle peut déclarer que le petit doigt s'était trompé et continuer à interroger la même accusée.


## Le Médecin.

Toute la société est sensément malade sauf, bien entendu, le médecin qui doit toujours jouir d'une excellente santé. Il tâte le pouls à tous les joueurs, les interroge successivement sur leurs maladies ou indispositions et des causes qui ont pu les produire, puis il prescrit à haute voix une ordonnance quelconque.

La tournée finie, notre docteur s'adresse à l'un des joueurs et lui dit, en parlant d'un autre :

— Monsieur ou Madame est attaqué de tel mal (il désigne la maladie par le nom qu'il lui a plu de lui donner); qu'ordonnez-vous pour sa guérison ?

Il faut que la personne interrogée réponde mot à mot ce qu'il a prescrit.

Afin de prévenir toute erreur, celui qui remplit le rôle du médecin fera bien de prendre note de ses ordonnances, pour constater les contraventions qui, prouvée, coûtent un gage.

Ce jeu ne doit pas être trop prolongé, car il deviendrait fatigant, par suite de la tension d'esprit, que l'on est forcé d'y apporter. On fera donc bien de se contenter d'une visite.


## CONCLUSION.

Nous venons d'exposer tous les jeux de société, depuis les plus anciens jusques aux plus modernes : on y retrouvera les divertissements qui défrayaient nos bons aïeux sous François Ier, Louis XIV et Louis XV, à côté de ceux que la génération actuelle a créés.

Parmi ceux-ci on trouvera les proverbes qui, grâce à l'instruction repandue dans toutes les classes de la société, sont devenus de véritables pièces littéraires.

Dans ce livre nous n'avons indiqué à dessein que les *proverbes à la muette*, car cette forme, toute rudimentaire, est le point de départ de toute autre, et tout esprit intelligent pourra facilement agrandir les bornes que nous avons indiquées.

# LES PÉNITENCES

Nous avons dit en commençant que les jeux de société n'avaient d'autre but que de faire donner des gages. Or ces gages d'un autre côté ne peuvent être rendus à leurs propriétaires qu'après une pénitence.

Il est vrai que l'on pourrait plus justement, à bon droit, appeler ces pénitences du nom de récompenses.

Voici comment on procède pour infliger les pénitences :

L'ordonnateur du jeu fait mettre dans un chapeau tous les gages donnés et les fait tirer au hasard. Celui qui tire le gage, le tient caché, de façon que personne ne puisse le voir, et l'ordonnateur indique la pénitence.

Dans quelques sociétés pour éviter que l'on reconnaisse les gages et que les pénitences ne s'en ressentent, on n'admet qu'un gage uniforme : c'est un carré de carte sur lequel le donateur a écrit son nom, au lieu de mouchoirs, de canifs et autres objets qui dénoncent pour ainsi dire leurs propriétaires.

Dans d'autres, au contraire, on prend les gages à découvert et l'ordonnateur tire parti, au profit de la société, des petits talents de chacun. Ainsi à l'un il demandera un dessin, à l'autre une chanson ; à celui-ci des vers. à celui-là un morceau d'opéra. On comprend qu'une impulsion ainsi donnée aux pénitences, la soirée n'en devient que plus charmante ; et l'on peut au besoin unir les pénitences de fantaisie avec celles qui sont, pour ainsi dire, traditionnelles.

## L'Acrostiche.

L'ordonnateur demande au pénitent :

— Comment aimez-vous mademoiselle Z**. ?

Le pénitent répond par exemple :

— Avec bonheur.

L'ordonnateur *lui dit* :

— Dites-nous en bien pourquoi vous l'aimez avec bonheur !

Le pénitent doit répondre une série de qualités qui doivent avoir pour initiales les lettres composant le mot bonheur.

Il dira :

— J'aime mademoiselle Z*** avec bonheur parce qu'elle est ;

**B** onne
**O** béissante
**N** aïve
**H** eureuse
**E** stimable
**U** nique
**R** angée

L'ORDONNATEUR. — Si vous veniez à la détester, comment le feriez vous avec bonheur !

Le PÉNITENT.

**B** oiteuse
**O** utrageante
**N** iaise
**H** urluberlue
**E** mpruntée
**U** surière
**R** evêche

## L'aumône.

Cette pénitence ne s'inflige d'ordinaire qu'à un cavalier.

Le pénitent va s'agenouiller devant la dame qui lui a été désignée et lui frappe sur les genoux avec la main.

La dame lui demande ce qu'il veut : il ne doit pas répondre, mais réitérer son mouvement de main. La dame multiplie ses questions en variant les objets qu'elle fait mine de supposer qu'il desire.

Lorsqu'elle prononce :

— Voulez-vous un baiser ?

Le pénitent doit se relever immédiatement, quant à la réponse, nous n'avons pas besoin de l'indiquer ici.

## Les Aunes d'amour.

L'ordonnateur condamne un cavalier ou une dame à compter un certain nombre d'aunes d'amour avec une personne qu'il indique et qui doit toujours être d'un sexe différent à celui du pénitent.

Celui-ci va près de la personne indiquée et plaçant ses mains dans les siennes il lui étend les bras, comme s'il aunait, en prenant un baiser chaque fois.

Il répète ce manége le nombre de fois qui lui a été indiqué par l'ordonnateur.

## Le Souffleur.

On prend une chandelle que l'on passe rapidement sous le nez du pénitent.

On répète ce manége jusqu'à ce que, par son souffle, il ait éteint la chandelle.

Nous ne conseillons pas de donner cette pénitence trop souvent, car elle est beaucoup plus difficile qu'on ne saurait le croire.

## Baiser à la capucine

On fait mettre à genoux, dos à dos, une dame et un cavalier.

La conséquence de cette pénitence est qu'il faut qu'ils tournent tous deux la tête du même côté, l'une à droite et l'autre à gauche, pour rapprocher leurs lèvres et prendre le baiser ordonné.

Comme les efforts faits de part et d'autre pour atteindre le but peuvent amener la chute de tous deux; il n'est pas défendu au cavalier de passer un bras galant autour de la taille de la dame qui partage sa pénitence, pour lui diminuer d'autant la fatigue et la soutenir si elle venait à perdre l'équilibre.

## Le Roi de Maroc.

Le pénitent prend une bougie et va en mettre une autre entre les mains d'une personne d'un sexe autre que le sien. Ils vont tous deux se placer aux extrémités de la salle. Alors ils prennent un air lugubre et s'avancent à la rencontre l'un de l'autre en marchant d'un pas mesuré.

Lorsqu'ils arrivent près l'un de l'autre, ils lèvent les regards au ciel, se disent quelques mots d'un ton funèbre et s'en vont à la place l'un de l'autre en baissant les yeux.

Ils font le nombre de tours indiqué ci-après en prononçant les phrases suivantes :

### 1er TOUR.

Le CAVALIER. — Vous savez l'affreuse nouvelle ?
La DAME. — Hélas !

### 2e TOUR.

Le CAVALIER. — Le roi de Maroc est mort.
La DAME. — Hélas ! Hélas !

### 3e TOUR.

Le CAVALIER. — Il est enterré.
La DAME. — Hélas ! hélas ! hélas !

### 4e TOUR.

Le CAVALIER :

Hélas ! hélas ? hélas ! et quatre fois hélas !
Il s'est coupé le cou d'un coup de coutelas.

Ils achèvent tous deux leur marche funèbre, et la pénitence étant fini, ils regagnent le plus gaîment du monde leur place.

## Baiser à la Religieuse.

Pénitence fort ennuyeuse pour ceux qui sont obligés de l'accomplir.

Un cavalier et une dame se mettent à genoux de chaque côté d'une chaise et doivent s'embrasser à travers les barreaux,

Quels regrets de ne pouvoir embrasser la dame que l'on a choisie qu'à travers les barreaux de cette grille improvisée.

## Le Perroquet.

Celui qui, par cette pénitence, se trouve métamorphosé en perroquet s'adresse à chaque joueur l'un après l'autre en lui disant :

— Si j'étais perroquet que m'apprendriez-vous à dire ? Chacun répond à son idée et le pénitent doit répéter chaque réponse avant de passer à une autre personne.

Si une dame prononce ce cri qu'on apprend aux perroquets :

— Baisez, petit fils !

Le pénitent doit profiter de l'occasion et il est exonéré de sa pénitence par le fait.

## Le Baiser derrière la porte.

Le cavalier auquel est imposée cette pénitence prie une dame de l'accompagner et il la conduit près d'une porte : là il lui donne un baiser.

## Le Petit papier.

Le pénitent demande à chaque personnne :
— Si j'étais petit papier que feriez-vous de moi?
Et il remercie le répondant d'une façon sérieuse
ou ironiquement, selon l'emploi qu'il a indiqué.

## Baiser les quatre coins de la Chambre.

Le pénitent invite quatre dames de vouloir se placer
aux quatre angles de la pièce où l'on se trouve et il
les embrasse tour à tour.

## Faire le muet.

C'est exécuter, sans prononer un mot, une pénitence infligée par chaque personne de la société à
tour de rôle, et sans qu'elle prononce de son côté
une seule parole.

## Le Baiser de Lièvre.

Un cavalier et une dame se placent l'un en face
de l'autre et prennent chacune dans la bouche l'extrémité d'une aiguillée de fil ; mais cette aiguillée peu
à peu mâchée par les deux bouts se renferme dans
leur bouche et se raccourcit tellement que les lèvres
se rapprochent, se touchent et le baiser est donné.

## La Statue.

Chaque personne place successivement le pénitent dans une posture ridicule ou gênante, qu'il ne
peut quitter que sur l'ordre qui lui est donné d'en
prendre une autre, tant que le tour dure.

Cependant, pour varier le jeu, on impose une con-
dition assez difficile aux personnes qui jouent le rôle
de statuaire : c'est d'employer à cet usage la main
opposée à celle dont s'est servi son précédesseur.
Si elles oublient cette règle, elles deviennent sta-
tues à leur tour.

## Le Baiser trompeur.

Cette pénitence ne s'impose qu'à une dame. Celle
qui est chargée de l'exécuter, s'avance rapidement
près d'un jeune homme, comme pour l'embrasser,
et au moment où celui-ci s'avance avec empressement pour recevoir cette faveur, la dame se retourne
et la donne à une tout autre personne.

## Embrasser le Chandelier.

Cette pénitence est une de ces petites malices qu'il
est bon de connaître si l'on ne veut pas faire rire à
ses dépens.

Le pénitent, après avoir pris une bougie, la place
entre les mains d'une dame, et embrasse celle-ci.

## Le Baiser au hasard.

Lorsque cette pénitence est imposée à un jeune
homme, on distribue au hasard les quatre dames
d'un jeu de piquet aux dames de la société, et on fait
tirer à celui qui doit accomplir la pénitence, un des
quatre rois.

Le pénitent embrasse la dame dont il a le roi.

Si c'est une dame à qui la pénitence est ordonnée,
on procède de la même manière, mais on substitue

les rois aux dames, en les distribuant aux jeunes gens et en lui faisant tirer une dame.

Il y a encore une autre façon d'exécuter le baiser au hasard.

Celui qui reçoit cette pénitence prend les rois et les dames d'un jeu de cartes ; il distribue les unes aux jeunes gens et les autres aux dames ; puis il ordonne à celui qui possède le roi de trèfle d'embrasser la dame à laquelle est échue la dame de trèfle, et ainsi de suite.

## Rébus en lettres.

On ne doit donner pour pénitence que des rébu en lettres qui offrent peu de difficulté.

Exemples :

— G a (j'ai grand appétit).

— Je V vous D — A C (je vais vous débarrasser).

## Soupirer.

Le pénitent qui doit soupirer va se placer dans un coin du salon, là, il fait entendre un profond soupir.

L'ordonnateur l'interroge sur le nom de la personne qui le fait soupirer, il nomme une personne d'un autre sexe qui doit aussitôt se lever et l'aller embrasser.

Cette seconde personne soupir à son tour pour une autre et ainsi de suite jusqu'à la dernière.

La personne qui a soupiré la première, si c'est une dame, doit embrasser tous les jeunes gens avant de retourner à sa place, et toutes les dames, si c'est un cavalier.

## L'Exil.

Cette pénitence relègue, pour un ou plusieurs tours au choix de l'ordonnateur du jeu, la personne à qui elle est infligée, dans un coin de l'appartement: il lui est expressément défendu de communiquer avec la société. L'exilé, pour compensation, a le droit de choisir la pénitence pour la personne à laquelle appartient le gage tiré immédiatement après le sien.

## Faire ce que la société ne veut pas.

Cette pénitence consiste à faire le contraire de ce que l'on vous dit. Ainsi on doit donner un baiser à la personne qui vous le défend.

## Le Pélérinage.

Un cavalier conduit une dame autour du cercle formé par les joueurs, en disant à chaque cavalier :
— Un petit morceau de pain pour moi, un baiser pour ma sœur.
Et à chaque dame :
— Un petit morceau de pain pour ma sœur et un baiser pour moi.
On accorde les baisers, mais l'on refuse le morceau de pain en disant :
— Dieu vous assiste !

## Le Chevalier de la Triste-Figure.

Le pénitent prend place dans un fauteuil et invite une dame à venir s'asseoir sur ses genoux; une fois que la dame a acquiescé à son invitation, elle appelle un cavalier qui l'embrasse

## La Confession.

La personne à qui cette pénitence est donnée se choisit un confesseur ; elle doit répondre juste à ses questions ou les éluder avec adresse.

Ainsi à un jeune homme le confesseur demandera :

— Etes-vous amoureux? — Depuis combien de temps? — Serez-vous assez habile pour nous faire le portrait de votre maîtresse? — Dites-nous vos qualités? — Dites-nous avec la même franchise vos défauts? — Etes-vous content? etc., etc.

A une dame :

— Votre cœur est-il libre? — Que pensez-vous de l'amour? — Quelles qualités aimeriez-vous à voir dominer dans un amant? — Dans un mari?—Etes-vous constante? — Que pensez-vous du mariage?

## Le Berceau d'amour.

De toutes les pénitences il n'y en a pas de plus jolie et de plus agréable que celle du berceau d'amour.

Le pénitent ou la pénitente en choisit une autre d'un sexe différent, et ils se placent ensemble au milieu de la pièce en se tenant les deux mains et en élevant les bras en forme de berceau. Alors la dame désigne un cavalier et le cavalier une dame ; ce couple vient demander passage sous le berceau d'amour, mais au moment où ils vont passer les bras s'abaissent et l'entourent et le couple ainsi emprisonné ne peut recouvrer sa liberté qu'en payant une rançon qui consiste en deux baisers.

Le couple une fois sorti a le droit de former un autre berceau et crée de nouveaux couples qui sont obligés de passer dans les deux berceaux et d'y payer deux fois la rançon convenue.

Et quand la société est nombreuse les couples se succèdent et se rangent les uns à la suite des autres et leur bras entrelacés forment une véritable voûte enchanteresse.

## Embrasser son ombre.

Il faut pour accomplir cette pénitence, avoir soin de se placer entre la lumière à laquelle on tourne le dos, et la dame que l'on veut embrasser.

## Le Kaléïdoscope.

On roule une feuille de papier en forme de tube, et on la donne au joueur qui doit accomplir cette penitence, l'ordonnateur désigne un cavalier et une dame qui viennent se placer vis-à-vis de ce joueur et se donner un baiser, que celui-ci peut lorgner tout à son aise avec la longue-vue toute de fantaisie qui lui a été donnée.

## Faire une Vénus.

Il y a plusieurs manières de faire les vénus. L'ordonnateur qui infligera cette pénitence au pénitent doit dire si c'est une vénus physique qu'il doit faire ou une vénus morale.

Pour la vénus physique, il prendra le teint de telle dame de la société, les yeux de l'une ; la taille de l'autre, les mains de celle-ci, les cheveux de celle-là, etc.

Pour la seconde, qui est immatérielle, il ne prendra que les qualités; ainsi il souhaitera à la vénus la candeur de Mlle X..., l'âme de Madame V..., le cœur de Mlle X..., la modestie, etc.


## Embrasser la personne que l'on aime le mieux sans que cela paraisse.

Si c'est un cavalier à qui l'on ordonne cette pénitence, il devra embrasser toutes les dames; si c'est une dame elle devra embrasser tous les cavaliers. C'est à notre avis le meilleur moyen de dérouter tous les soupçons.


### Faire le pied de grue.

Le cavalier qui a reçu cette pénitence se tient sur un pied jusqu'à ce qu'une dame qu'il désigne lui permette de quitter cette position fatiguante et de gagner sa place; là il sollicite d'elle une nouvelle faveur, celle de l'embrasser, ce qui lui est presque toujours accordé.


### Jean souffle la chandelle

On passe rapidement une bougie allumée devant le visage du pénitent qui doit l'éteindre par le seul secours de son souffle. Cette pénitence qui, au premier abord paraît très-facile à exécuter, présente de nombreuses difficultés et ce n'est souvent qu'après de nombreux essais que l'on parvient à éteindre la flamme de la bougie.

## Le Voyage à Corinthe.

Le jeune homme qui reçoit cette pénitence choisit un guide parmi les autres jeunes gens ; ce dernier prend un mouchoir blanc et conduit le voyageur devant chaque dame qu'il embrasse, après chaque baiser il essuie légèrement les lèvres de l'infortuné voyageur avec le mouchoir dont il s'est muni.

La contenance du voyageur est assez embarrassée, et souvent les efforts qu'il fait pour cacher son dépit ne le font que mieux ressortir.

## La Franchise.

C'est une pénitence qui exige beaucoup de circonspection, car elle consiste à dire à chaque personne de la société ce que l'on pense d'elle en bien et en mal. Pourtant s'il nous était permis de donner un conseil, nous engagerions les joueurs à être plus prodigues de louanges que de blâme.

## Le Soldat Prussien.

Le pénitent se choisit un officier qui est tenu de pourvoir à l'équipement et à l'armement de son soldat.

D'un manchon de dame, il fera un bonnet de grenadier; un sac à ouvrage ou un cabas formera sa giberne, des gants remplaceront les épaulettes, un parapluie ou une ombrelle pour la place du sabre, un bâton lui servira de fusil. Quand il sera ainsi affublé, l'officier conduira son soldat au milieu du cercle et il lui fera présenter les armes à chaque dame que l'officier pourra embrasser; lorsque la ronde sera terminée l'officier congédiera son soldat par le commandement.

— Tourne droite, présentez arme, haut arme, au poste !

Cette valeureuse campagne terminée, le soldat aura le droit de quitter son brillant uniforme et de reprendre sa place dans le jeu.

## Réponse Alphabétique

On appelle ainsi celle que l'on doit faire à une question, en faisant usage de voyelles ou de consonnes, dont chacune par la place qu'elle occupe, doit former une syllabe complète.

Exemple :

— Comment vous appelez-vous?

— L. N. (Hélène).

— Pourriez-vous nous dire le nom de votre père?

— L. I. (Elie).

— Vous ne sauriez répondre longtemps ainsi ?

— J. V. E. C. I. E. (J'y vais essayer).

— Où est votre amie?

— O. P. I. (au pays).

— Quel est son caractère?

— L. M. A. C. L. V. (Elle aime à s'élever).

— Etes-vous de Paris?

— J. E. E. T. E. L. V. (J'y ai été élevée).

— Quel a été votre plus grand plaisir?

— I. E. M. E. (y aimez).

On comprend qu'il est assez facile à celui qui

interroge de rendre les réponses plus ou moins difficiles, aussi ne doit-il user que modérément de l'avantage qu'il a sur sa victime.

### Le Tracas de Polichinelle.

Cette pénitence ne peut être infligée qu'à une dame.

Celle qui doit l'exécuter choisit une bonne amie ; ensuite elle se présente devant un cavalier, l'embrasse et va rendre ce baiser à sa compagne.

Cette plaisanterie doit se renouveler autant de fois qu'il se trouve de cavaliers dans la société.

### La Pensée

Cette pénitence exige beaucoup de circonspection, car dans tous les jeux ce que l'on doit éviter avec soin, c'est de ne choquer personne.

Celui à qui elle est ordonnée dit à une ou à chaque personne de la société haut ou bas ce qu'il pense d'elle.

### Le Pont d'Amour.

Le pénitent se met à quatre pattes au milieu du salon, puis il reçoit sur son dos un cavalier et une dame qui s'y reposent et s'y embrassent. Cette pénitence, outre qu'elle fait jouer a celui à qui elle est ordonnée un rôle assez ridicule, est fort agréable pour le couple gracieux qui, avec la victime, forment un tableau charmant et comique tout à la fois.

## Le Portier du Couvent.

Le pénitent ou la pénitente se place près d'une porte qui communique dans une autre pièce, et qu'il doit ouvrir ou fermer à propos.

Un cavalier se retire dans cette pièce qui prend le nom de parloir. Le portier ferme la porte sur lui, alors il frappe doucement; le portier ouvre et le cavalier lui dit tout bas le nom de la dame avec laquelle il désire avoir un entretien.

— Le frère N*** attend la sœur N*** au parloir, dit le portier à haute voix.

La dame appelée doit se lever et passer au parloir et le portier ferme la porte sur le couple. On frappe de nouveau en dedans, c'est le cavalier qui demande à sortir, et la dame un autre cavalier, que le portier introduit de même.

Ce manége se prolonge tant qu'il reste à appeler une personne du sexe différent de celui du dernier appelé, à moins que pour abréger la cérémonie, un frère ou une sœur ne s'avise de demander tout le couvent à la fois.

Alors le portier qui ne peut, sous aucun prétexte, pénétrer dans le parloir, peut se procurer la petite vengeance de mettre toute la compagnie sous les verroux et de tenir quelque temps tous ses mystificateurs prisonniers.

## Le Repas d'auberge.

Le joueur auquel on impose cette pénitence se tient à l'écart, et la société convient du nom des deux plats qu'elle lui offrira; l'un doit être gras, l'autre doit être maigre.

L'un est choisi parmi les mets ordinaires, l'autre parmi les aliments propres aux animaux.

Le choix de la société s'étant arrêté sur un salmis d'alouettes et un plat de chardons ; on rappelle le pénitent, et la personne qui dirige les jeux lui tient un discours dans ce genre :

« Mon auberge est renommée à dix lieues à la ronde, et il est arrivé à plus d'un grand seigneur de se détourner de sa route pour venir y prendre un repas ; ordinairement on y trouve de tout à profusion, et le plus souvent le voyageur en présence de tant de mets tous plus succulents les uns que les autres est très embarrassé pour fixer son choix ; malheureusement aujourd'hui il n'en est pas de même, il ne me reste que deux plats l'un gras, l'autre maigre ; j'en garde un pour un voyageur de distinction, seulement comme je tiens à vous favoriser, je vous laisse le droit de choisir.

Si le pénitent choisit le maigre, on lui déclare qu'il dînera avec des chardons ; s'il choisit le gras on le félicite sur la délicatesse de son goût.

## Le Muet

Cette pénitence consiste à exécuter sans dire mot les ordres que chaque personne donne par signes.

## Le Baiser à la Turque.

Dans une pièce voisine de celle où la Société est réunie, on prépare une espèce d'ottomane de la façon suivante :

On place trois chaises à côté l'une de l'autre, celle du milieu est retournée, c'est-à-dire que le siége ressort par derrière, et que son dossier conserve l'alignement avec ceux des deux autres chaises ; on étale sur ces chaises un tapis ou un mauvais châle et l'on recouvre de même les dossiers. Tout cet appareil une fois arrangé fait l'effet d'une banquette à trois places.

Le cavalier à qui est imposé cette pénitence a le droit de choisir une sultane et celle-ci désigne deux odalisques qui doivent lui servir de compagne. Elles prennent chacune un flambeau et se dirigent vers la chambre nuptiale; toutes les personnes de la société les suivent deux à deux. Arrivées à l'ottomane, les deux odalisques s'assoyent chacune sur une des chaises qui en forment les extrémités en tendant le plus possible l'étoffe qui cache le vide. La sultane favorite conduit le commandeur des croyants près l'ottomane, l'invite à s'asseoir; au moment où il se prête à cette invitation les deux odalisques se lèvent brusquement et le sultan se trouve assis... sur le parquet.

### La Pendule.

Le pénitent qui exécute cette pénitence, se tient debout devant la cheminée et appelle une personne du sexe différent du sien, celle-ci approche et lui dit:

— Quelle heure est-il?

Si la pendule répond qu'il est douze heures, le questionneur doit lui donner ou recevoir douze baisers.

### Les trois B.

Le cavalier à qui l'on impose cette punition doit devenir un estropié, bien entendu *Borgne, Boiteux, Bossu.* Il faut donc pour qu'il exécute cette pénitence qu'il ferme un œil, courbe le dos et ne marche qu'en boitant ; lorsqu'il est assez disgracié, il va se présenter à chaque dame de la société en disant:

— Un petit baiser, madame, par pitié, à ce pauvre homme qui a trois B.

Les dames ne sont point forcées de lui faire l'aumône; celles qui ne se laissent pas toucher par sa prière répondent:

— Dieu, vous assiste.

Le pauvre gueux doit passer outre sans user de contrainte sous peine de voir sa pénitence se prolonger.

## Le Visage de bois

La personne qui doit subir cette pénitence, se met debout contre une porte ; alors elle appelle une personne d'un sexe différent du sien, qui se place en face d'elle, et celle-ci en appelle une autre qui se place dos à dos et ainsi de suite. A un signal convenu, tout le monde se retourne, et embrasse la personne qu'il a devant soit; il résulte de ce mouvement subit que le pénitent, dont le dos était placé contre la porte, se trouve naturellement vis-à-vis du bois auquel il est obligé de donner un baiser, tandis que les cavaliers embrassent leurs dames.

FIN DES JEUX DE SOCIÉTÉ

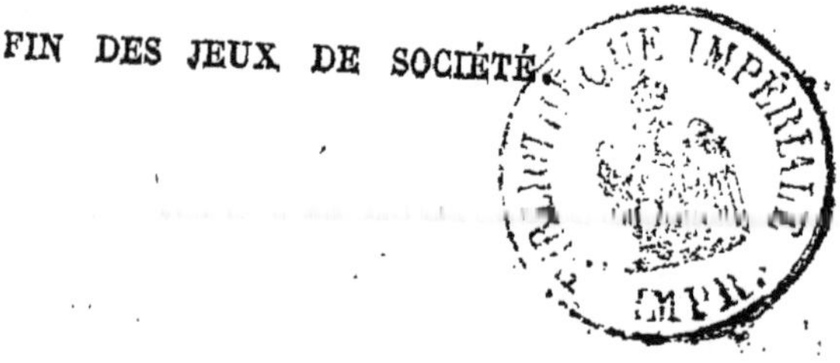

# TABLE